U0894722

Logic and Path of
Production Capacity Cooperation between China and Armenia

中 央 财 经 大 学 财 经 研 究 院
北京市哲学社会科学北京财经研究基地 学术文库

张晓涛 著

中国与亚美尼亚产能合作研究

——逻辑与路径

Logic and Path of
Production Capacity Cooperation between China and Armenia

中国财经出版传媒集团

经济科学出版社
Economic Science Press

图书在版编目（CIP）数据

中国与亚美尼亚产能合作研究：逻辑与路径/张晓涛著．—北京：经济科学出版社，2021.6
（中央财经大学财经研究院、北京市哲学社会科学北京财经研究基地学术文库）
ISBN 978-7-5218-1091-2

Ⅰ.①中… Ⅱ.①张… Ⅲ.①区域经济合作-国际合作-研究-中国、亚美尼亚 Ⅳ.①F125.4②F136.954

中国版本图书馆CIP数据核字（2019）第278927号

责任编辑：王 娟 张立莉
责任校对：王京宁
责任印制：王世伟

中国与亚美尼亚产能合作研究
——逻辑与路径
张晓涛 著
经济科学出版社出版、发行 新华书店经销
社址：北京市海淀区阜成路甲28号 邮编：100142
总编部电话：010-88191217 发行部电话：010-88191522
网址：www.esp.com.cn
电子邮箱：esp@esp.com.cn
天猫网店：经济科学出版社旗舰店
网址：http://jjkxcbs.tmall.com
北京季蜂印刷有限公司印装
710×1000 16开 10.25印张 200000字
2021年9月第1版 2021年9月第1次印刷
ISBN 978-7-5218-1091-2 定价：52.00元
（图书出现印装问题，本社负责调换。电话：010-88191510）

前　　言

党的十九大报告指出，要以“一带一路”建设为重点，坚持“引进来”和“走出去”并重，其中，要通过创新对外投资方式，促进国际产能合作，形成面向全球的贸易、投融资、生产、服务网络，推动形成全面开放的新格局。自“一带一路”倡议提出以来，亚美尼亚就是“一带一路”倡议强有力的支持者。亚美尼亚地处位于欧亚交界处和外高加索地区心脏地带，是中国将“一带一路”倡议向西推进的必经路线中段。基于“一带一路”倡议推动与亚美尼亚的合作有利于促进该地区的和平稳定，符合该地区利益。同时，中国与亚美尼亚的产能合作既符合国际产业转移规律，有助于全球产业链的深度融合和亚美尼亚工业化进程的推进，又能够有效提升中国与欧洲、亚洲和非洲等地的国家和地区在人流、物流、资金流和信息流上的互动层次，促进丝绸之路沿线地区和国家间的利益共同体的形成。因而，中国开展与亚美尼亚的产能合作，对双边国家而言都具有互利共赢效应。

一、本书的研究意义

在“一带一路”倡议深入实施的大背景下，本书研究的现实意义在于：一是从“一带一路”建设、地缘战略、两国政治和经济来往、两国需求等因素分析中国与亚美尼亚开展产能合作的必要性，基于两国的基础和条件以及两国开展产能合作面临的问题等进行产能合作可行性分析，有利于评估中国与亚美尼亚进行产能合作的价值与难易程度；二是深入分析亚美尼亚与中国经贸合作中的各产业竞争程度，探讨两国产业互补性，有利于确定两国开展产业产能转移及确定重点领域、切入点、实施路径，减少当地政府以及社会对中国产能转移对当地工业等领域造成冲击的顾虑及合作摩擦，并有利于中国实现过剩产能的转移；三是为我国制定产能合作相关政策以及有意参与双边产能合作的企业提供重要的参考价值，有利于决策者制定体系与针对性的产能转移支持政策。

本书的理论意义在于：一是可以弥补中国与亚美尼亚双边产能合作研究的空白，为学者提供更多亚美尼亚的参考资料；二是提出了大国与小国两类经济体的产能合作分析框架，进一步丰富了国际产能合作的研究框架和研究方法；三是对中国与中亚、欧亚经济联盟开展产能合作研究的重要补充，为学者对外高加索及欧亚经济联盟其他国家经济一体化提供更多研究样本。

二、本书的研究目标

本书研究力求实现以下目标：（1）构建中国与亚美尼亚的产能合作分析框架；（2）梳理外商投资政策、产业优势和产业特色等；（3）从亚美尼亚的宏观经济、产业结构、外贸与外商投资结构等方面呈现亚美尼亚的经济状况，并找出其优势产业、特色产业和前景产业；（4）总结中国与亚美尼亚经贸合作的成就和特点，找出双方经贸合作中存在的挑战和障碍；（5）厘清亚美尼亚的经济发展战略、产业发展规划以及政府扶持政策等，为中国与亚美尼亚开展产能合作对接寻找政策依据；（6）找出中国与亚美尼亚适宜开展产能合作的若干领域，并提出可行的合作模式及相关建议。

三、本书的研究方法

本书涉及国际关系理论、地缘政治理论、经济地理学、产业经济理论、国际贸易与国际投资理论等，在遵循学术分析规范的基础上，主要使用的研究方法包括：（1）历史研究法，探究亚美尼亚与俄罗斯的历史渊源以及苏联解体后亚美尼亚的外交关系演变，把握亚美尼亚外交政策的变化趋势，并为中国企业了解亚美尼亚国际环境提供依据；（2）文献研究法，本书需要搜集、鉴别和整理现有关于亚美尼亚的相关研究，文献来源包括书籍、核心期刊、知名报刊以及政府机构网站等，通过对文献进行归类总结，为构建中国与亚美尼亚产能合作研究框架提供线索；（3）规范分析法，对于我国目前采取战略计划、政策的评价，如“一带一盟”的对接，对其中的经济行为作相应的判断须采用规范分析法，以给出可实施的政策建议；（4）定性分析和定量分析相结合，基于产业转移和国际产能合作的一般规律，分析中国与亚美尼亚双方的产业优势以及产业互补性，其中，涉及使用统计方法来测算亚美尼亚 HS 二维码层面各个产业的显示性比较优势（RCA）指数；（5）辩证分析和对比分析相结合，在分析中国优势的同时应用辩证的眼光看待我国产业发展与其他国家之间的差异，在此基础上探讨中国与亚美尼亚产能合作的可行性。

四、本书的主要研究内容与结论

（一）亚美尼亚的经济发展概况

对亚美尼亚独立以来的阶段性宏观经济概况、产业结构、对外贸易、外商直接投资及投资环境等方面进行剖析，同时，结合 RCA 指数测算、行业产值测算及文献分析，总结出亚美尼亚三大类型的产业：（1）优势产业：产品层面主要包括烟草、烟草及烟草代用品的制品，饮料、酒及醋，其他贱金属、金属陶瓷及其制品、铜及其制品、铝及其制品、矿砂、矿渣及矿灰，天然或养殖珍珠、宝石或半宝石，鱼、甲壳动物、软体动物及其他水生无脊椎动物；（2）特色产业：主要包括旅游业、酿酒业、珠宝和钻石加工业；（3）前景产业：主要包括制药业、信息技术产业、精密仪器制造业。

（二）中国与亚美尼亚的双边合作成果

从政治、贸易、投资、工程承包、服务业及人道主义援助等方面梳理总结中国与亚美尼亚近年来的双边合作成果，主要有：（1）政治交往方面，两国高层接洽频繁，政治互信不断深化，并在经贸、法律、科教和人文等领域达成若干协议和共识；（2）双边贸易方面，规模上基数较小但增长较快，机构上中国对亚美尼亚出口产品相对多样，但进口较为单一；

(3) 双边投资方面，双边投资规模较小，主要为中国对亚美尼亚投资，中方投资主要分布在通信、电力、矿产和医药等领域；(4) 工程承包方面，中方在亚美尼亚工程承包的新签和在建项目少、金额小，业务集中在电力设施和路桥建设等领域；(5) 服务业合作方面，主要涉及金融、旅游、文化等领域，尽管业务规模较小，但旅游及文化交流发展较快；(6) 人道主义援助方面，中国在交通、农业、医疗、军事、教育等领域对亚美尼亚提供物质援助，已成为其第二大援助国。

（三）亚美尼亚的经济发展战略与规划

通过网络搜索、文献查阅等途径对亚美尼亚的主要经济发展战略、发展规划和产业政策等进行梳理和归纳，找出我国与亚美尼亚开展产业合作的制度依据，主要有：(1) 亚美尼亚发展规划，主要包括亚美尼亚2017~2022年的中长期规划中关于针对工业、农业、对外贸易、旅游业、信息产业及能源基础设施等领域制订的发展计划；(2) 亚美尼亚政府扶持产业及其发展规划，主要涉及农业、能源、矿业、生物制药、旅游和基础设施等领域；(3) 亚美尼亚自由经济区定位及发展规划，主要包括“同盟”和“子午线”自由经济区的定位及发展规划；(4) 中国开展与亚美尼亚产能合作中的制度优势，即：高度契合的外资开放政策，友好互动的双边经贸政策，有效对接的资金融通政策。

（四）中国对亚美尼亚可开展产能合作的主要领域

基于对亚美尼亚引资政策、产业规划和产业状况的分析，本书总结出中国适宜与亚美尼亚开展产能合作的六个主要行业（领域）：(1) 农业，主要包括农产品加工业（如果蔬与肉类加工业、酿酒业）和农业现代化领域（如农业生产设施和农业技术改造），可采取农业贸易、农业加工基地、农业资源开发以及农业合作试验区等合作模式；(2) 基础设施领域，主要包括交通基础设施、能源及矿产基础设施、信息通信基础设施，可采取的合作模式主要有：工程总承包模式、项目管理承包（PMC）模式、设计—建造（DB）模式、平行发包（DBB）模式、施工管理承包（CM）模式、BOT模式和PPP模式等；(3) 能源行业，主要包括核电、水电及太阳能等领域，主要的合作模式有：PPP合作模式、设计—采购—施工（EPC）总承包模式、“保险＋投资＋出口”模式等；(4) 矿产行业，主要包括金属和非金属矿产开发，可采取的合作模式包括资源外交模式、风险勘探模式、信贷、工程与资源交换模式、联营合作模式等；(5) 生物制药业，可采取的合作模式主要有国际营销合作模式、国际技术合作模式、国际生产合作模式等；(6) 旅游业，由于该行业的特殊性，在合作中需要双方在旅游政策协商制定、旅游客流互送、旅游交流互联、旅游投融资等方面加强合作。

五、本书的创新之处

本书的创新之处在于：(1) 研究视角新颖，以往对于中国与亚美尼亚产能合作的分析零散分布于中国与高加索地区经贸合作以及中国与欧亚经济联盟经贸合作等研究中，本书基于亚美尼亚重要而独特的地缘战略地位，将其作为一个独立的研究整体，探讨中国与亚美尼亚开展产能合作的重要领域和可行模式；(2) 研究行业的全面性，本书基于指标统计、文献整理和对比分析，筛选出亚美尼亚的优势产业、特色产业和前景产业，基于对亚美尼亚产业发展规划和政府扶持政策的梳理，筛选出中国与亚美尼亚适宜开展产能合作的六个主要领域；(3) 构建了中国与中小国家的产能合作分析框架，以往的研究多注重于中国与市场规模较大的国家间产能合作，对于小国，尤其是不发达小国的产能合作研究极少，基于国家间产能合作分析的共性，本书重点选取在“一带一路”中具有地缘战略意义的中小国家为研究对象，在研究方法上，本书不单纯依靠传统的产能合作领域选取方法——产业互补性指数测算，还依靠对双边产业、投资、贸易、税收及融资等相关政策的梳理，总结出双方具有可行性的产能合作领域。

目　录 *CONTENTS*

第一章

亚美尼亚的经济发展概况

亚美尼亚经济体量较小，属于中低等收入国家。2008 年金融危机后，亚美尼亚政府积极采取调整产业结构、扩大内需、加快基础设施建设、大力扶植农业等措施，努力消除金融危机，并取得一定成效，各产业产值大幅上涨。但近年来亚美尼亚经济增速放缓，自 2015 年亚美尼亚加入欧亚经济联盟后，其商品贸易总额与关税收入随之提高，加上国内稳定的政治局势、丰富的劳动力资源及较低的劳工成本，使许多国际组织对亚美尼亚未来经济的发展寄予较高的期望。

第一节　亚美尼亚宏观经济发展状况

一、亚美尼亚经济发展的阶段性情况

苏联解体后，由于原有关系体系终结，试图建立起独立自主经济体系的亚美尼亚共和国处境异常艰难。从 1991 年 9 月正式宣布独立至今，亚美尼亚这个不屈不挠的民族遭受重创的经济扭转复苏，经济增速一度上涨甚至居于独联体国家首位。从 1991 年至今这 30 年间，亚美尼亚的经济发展大致经历了 4 个阶段：严重大衰退阶段、复苏增长阶段、金融危机下滑阶段、后金融危机时期经济曲折波动阶段①。1993 ~2016 年亚美尼亚 GDP

① 施玉宇、高歌等：《列国志：亚美尼亚》，社会科学文献出版社 2005 年版。

及其增长率见图 1－1。

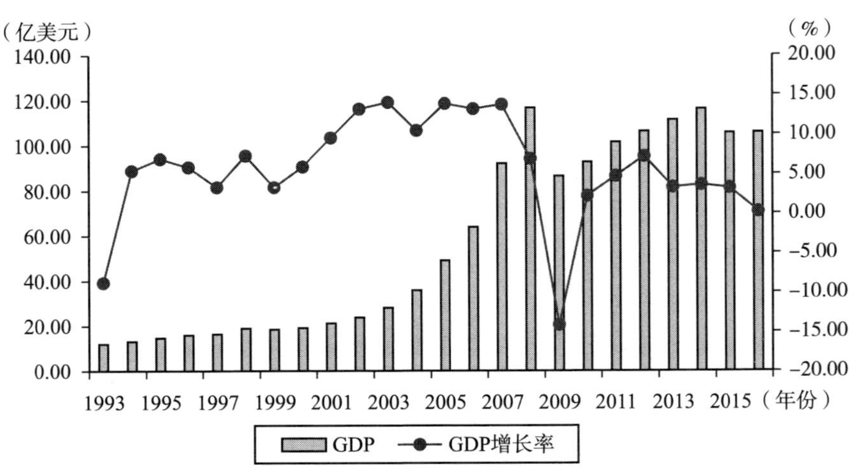

图 1－1　1993～2016 年亚美尼亚 GDP 及其增长率

资料来源：中国经济数据库（http：//www. ceicdata. com）。

（一）严重大衰退阶段（1991～1993 年）

亚美尼亚独立伊始，全国 80% 的企业被迫破产，经济降幅达到两位数，该时期是经济形势最严峻的阶段，亚美尼亚一度成为独联体中降幅最大的国家，1993 年的通胀率更是飙升到 3732%，国际舆论称其经济为“处于崩溃的边缘”。

（二）复苏增长阶段（1994～2007 年）

因纳卡冲突停火、格鲁吉亚内战结束以及亚美尼亚政府实施了新经济纲领等原因，亚美尼亚经济停止下滑，经济基本面开始好转。1994 年国民经济首次止降复增，通胀率降为 1993 年的一半，国际舆论称之为“转折性变化”。在 1996～2000 年，经济保持了中低速增长。2000 年 GDP 增长率达到 6%。由于俄罗斯及其他独联体国家总体经济形势好转，为亚美尼亚的出口和引资提供了良好的外部环境，2002～2007 年，其经济保持着高达两位数的增速，一度高居独联体国家首位。

（三）金融危机下滑阶段（2008～2009年）

2008年下半年到来的全球经济危机严重影响了亚美尼亚的经济发展，增长率快速下滑。金融危机使居民收入大幅下降，支柱产业—建筑业形成负增长，从而使得GDP大幅下降。2009年亚美尼亚的GDP下降幅度达14%，亚美尼亚的货币德拉姆大幅贬值20%。

（四）后金融危机时期经济曲折波动阶段（2010年至今）

金融危机之后，亚美尼亚政府已认识到其产业结构的问题，采取了多项有效措施应对经济危机。随着世界经济的逐步回暖以及国际市场矿产品需求量和价格的回升，亚美尼亚以矿产资源为主导的出口贸易也回归到了经济危机前的水平，GDP从2010年开始回升，而后持续小幅上下波动。

从表1－1不难看出，失业率与通胀率的变化关系并不遵循一般经济理论规律，无论经济增速如何，失业率一直保持高位不变。因此，亚美尼亚的大量失业问题是其经济内部的主要问题。这在一定程度上说明，亚美尼亚的高失业率是该国经济发展的主要问题，这可能与该国市场规模小、产业结构单一等因素有关。

表1－1　　亚美尼亚通胀率与失业率情况　　单位：%

年份	按GDP平减指数衡量的年通胀率	失业率
2009	2.56	18.70
2010	7.77	19.00
2011	4.28	18.40
2012	5.35	17.30
2013	3.37	16.20
2014	2.31	17.50
2015	1.21	18.30
2016	0.52	17.60

资料来源：世界银行数据库（http：//data.worldbank.org）。

二、亚美尼亚的产业结构状况

从产业结构上看，亚美尼亚行业结构成比例协调发展，亚美尼亚以工业和服务业为主，服务业发展迅速，工业发展平稳，工业的产值占GDP的比重最大，服务业次之，详见表1－2。在工业中，又尤以制造业占比最大。建筑业是亚美尼亚的支柱产业之一，是推动GDP增长的主要动力。

表1－2　2016年亚美尼亚产业结构状况

产业	2016年产值（亿德拉姆①）	占GDP的比重（%）
农业	8785	22.01
工业	14327	35.90
建筑业	4106	10.29
服务业	12689	31.80

资料来源：亚美尼亚国家统计局（http://armstat.am/）。

（一）农业

亚美尼亚独立后为了解决粮食供应不足问题，进行了农业私有化改革等一系列措施，使农业生产形势未像工业那样连年大衰退，而是发展基本平稳。亚美尼亚的农业在经济中占据相对主导的地位。在2012～2016年，农业占GDP的比重均在20%上下波动。此外，亚美尼亚有超过35%的人口从事农业，因此，农业在农村发展中仍然发挥着战略作用。由于该国地处高原地区，面临多山、可耕地面积不足的状况，其人均耕地面积仅为独联体国家人均耕地面积的1/4。迄今亚美尼亚的农业尚未完全改变和摆脱粮食需要依靠进口的局面。2016年底，亚美尼亚粮食自给率从2010年的33%提升至52%，仍需大量进口农产品。2017年，亚美尼亚进口谷物食品类达0.62亿美元，位居商品进口额第五名。

① 德拉姆是亚美尼亚的法定货币，代码为AMD。辅币为卢马（Luma），1德拉姆＝100卢马。亚美尼亚中央银行是唯一有权发行德拉姆的银行。

该产业可以分为：种植业和畜牧业。从2016年的农业产值数据看，两者比重差距较小，见图1－2，两个产业可以说是旗鼓相当。主要的农牧业产品有羊毛、蔬菜、牛奶、土豆、谷物与豆类等，见图1－3。

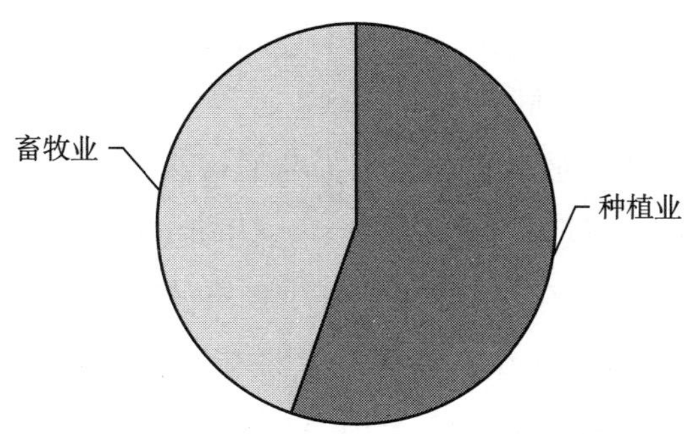

图1－2　2012～2016年亚美尼亚主要农牧业产品产值占比

资料来源：笔者根据亚美尼亚官方统计局年鉴历年公布的数字汇编。

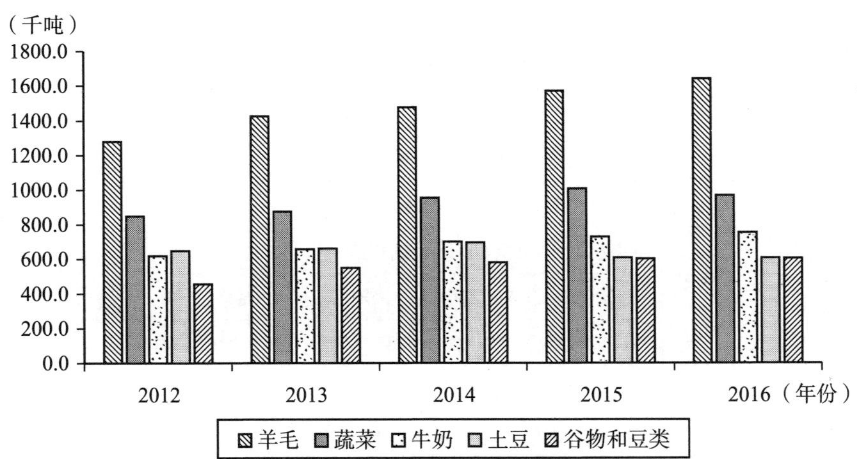

图1－3　2016年亚美尼亚农业生产结构

资料来源：笔者根据亚美尼亚官方统计局年鉴历年公布的数字汇编。

（二）工业

苏联时期，亚美尼亚工业的比重占GDP高达67.5%，而2011年工业比重仅为25%。亚美尼亚政府将重点转向了工业尤其是制造业的发展，制定了《亚美尼亚工业发展战略》①。亚美尼亚工业发展整体向好，但增速较慢。2016 年，亚美尼亚工业产值为 14327 亿德拉姆，同比增长 6.7%，占 GDP 比重的 16.7%。工业中主要支柱产业为采矿业、制造业和电力工业。2016 年全年采矿业产值为 2564.8 亿德拉姆，同比增长 16.2%，得益于金属矿石的开采，占同期工业总产值的 17.9%。制造业产值为 8883 亿德拉姆，同比增长 5.8%，占工业总产值的 62%。其中，产值较高的行业有金属加工、食品加工和烟草制品加工业。电力工业产值为 2655.5 亿德拉姆，同比增长 1.4%，占同期工业总产值的 18.5%②。

亚美尼亚成为欧亚经济联盟成员国中仅有的两个工业产值保持增长趋势的国家之一。到 2016 年底，亚美尼亚共有工业企业 2907 家。其中 9 人以下微型企业有 214 家，10～49 人小型企业有 598 家，50～249 人中型企业有 136 家，250 人以上大型企业有 59 家③，亚美尼亚的重点产业及主要企业见表 1－3。

表 1－3　亚美尼亚重点产业及企业

产业	企业名称
合成橡胶	纳伊利特（NAIRIT）股份公司
水泥	米卡（MIKA）水泥股份公司
铜矿石、有色金属矿石和铜产品	赞格祖尔（ZANGEZUR）铜钼股份公司；
	阿尔米尼杨（ARMINIYAN CORP. PROGRAM）（ACP）股份公司
	基诺荷兰矿业（DINO HOLMAININGCORP）股份公司
钻石（来料加工）	硕佳（SHOGAH）钻石加工企业
首饰制品	埃里温首饰厂（GHOMON）股份公司
葡萄酒白兰地等	那伊里（NAIRI）白兰地酒厂
	伊杰万（IDEVAN）葡萄酒厂
	阿拉拉特（ARARAT）埃里温白兰地酒厂非公开招股股份公司

① 《亚美尼亚总理：亚美尼亚政府将经济发展方向定位为支持工业发展》，中华人民共和国驻亚美尼亚共和国大使馆经济商务处（http://am.mofcom.gov.cn/article/jmxw/201201/20120107911192.shtml）。

②③ 资料来源：亚美尼亚国家统计局（http://armstat.am/）。

续表

产业	企业名称
啤酒	埃里温啤酒（YEREVAN BEER）非公开招股股份公司
	科泰伊克（KOTAIK）啤酒有限责任公司
	久姆里（GIUMRI BEER）啤酒有限责任公司
烟草制品	亚加合资格兰特烟草（GRAND TOBAKO）有限责任公司
	西佳隆（SIGARON）有限责任公司
地毯及毯制品	图芬坎地毯有限责任公司（TUFENKAN TRANS CAUCASUS Co. Ltd）
生铁、钢材及铁合金	泼罗什克（POLOSHK）联合企业有限责任公司
其他冶金工业产品	阿列瓦申（AREVASHIN）金属板材和铝制品生产联合有限责任公司
	佐夫克（ZOVK）埃里温亚美尼亚塞浦路斯合资企业股份公司
饮料	可口可乐（COCA COLA）非公开招股股份公司

资料来源：中华人民共和国商务部欧亚司（http：//oys. mofcom. gov. cn/）。

（三）建筑业

长期以来，建筑业一直是亚美尼亚的支柱产业，占 GDP 的比重平均在 20% 左右。但自 2009 年全球经济危机以来，亚美尼亚的建筑业急剧下滑，降幅达 36. 4%，严重拖累其经济发展。世界银行和国际货币基金组织均认为，亚美尼亚经济应该摆脱过分依赖建筑业的现状，走多元化发展道路。2016 年，亚美尼亚建筑业产值为 4106 亿德拉姆，同比大幅下降 14. 7%。其中，国家所有建筑总额为 444. 79 亿德拉姆，占比 10. 8%；非国家所有建筑总额为 3661. 23 亿德拉姆，占比 89. 2%。2016 年，亚美尼亚的建筑业生产指数仅为 77. 9，见图 1 – 4。

从发展趋势来看，亚美尼亚正经历经济转型阶段，由于该国希望能够减轻经济对建筑业的依赖，发展多元化经济。因此，建筑总量的下降将是建筑业发展放缓的一个重要的外部表现，见图 1 – 4。其中，在在建住宅面积方面，城市的在建住宅面积呈现不断下降的趋势，而农村的在建住宅面积则波动下降，见图 1 – 5。

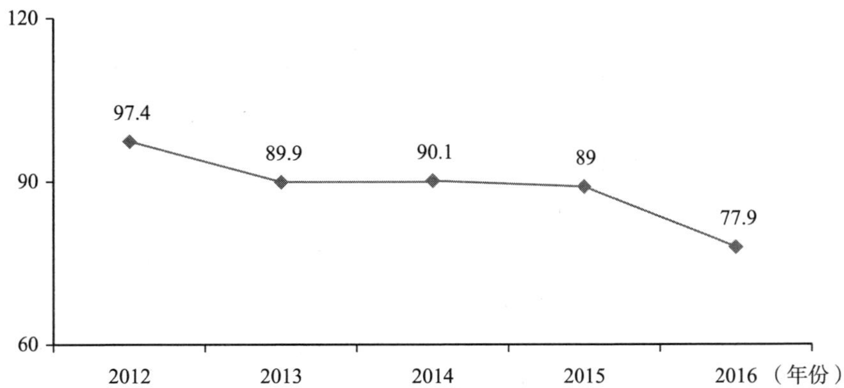

图 1-4　2012~2016 年亚美尼亚建筑业生产指数（按 2011 年可比价格计算）

资料来源：亚美尼亚国家统计局（http：//armstat. am/）。

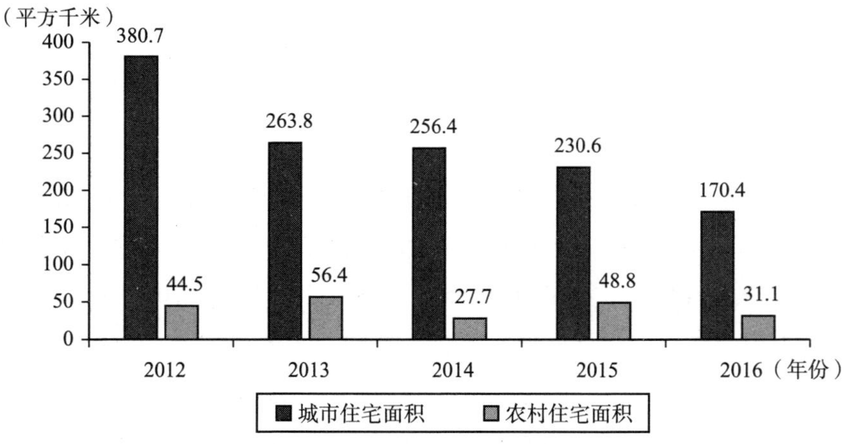

图 1-5　2012~2016 年亚美尼亚城镇在建住宅面积

资料来源：亚美尼亚统计局（http：//armstat. am/）。

（四）服务业

亚美尼亚服务业近年来发展态势良好。据欧洲央行重建部门调查，由于遍布美国和欧洲的亚美尼亚后裔对亚美尼亚建筑业的投资热情高涨，服务业得到强劲拉动。2016 年，亚美尼亚服务贸易额为 12652 亿德拉姆，同比增长 7.1%，其中餐饮、文化休闲、不动产、航空运输、旅游及银行业务等行业增长较快。

2016 年，亚美尼亚服务贸易额为 12652 亿德拉姆，同比增长 7.1%。2017 年 1～10 月，服务业产值同比增长 13.9%，达到 1.2 万亿德拉姆，约合 24 亿美元。根据亚美尼亚国家统计局数据，指标的增长得益于餐饮业由负 0.1% 转为增长 19.3%，信息和通信由负 0.7% 转为增长 4.8%，医疗保健增长 16.9%，房地产交易增长 8.1%，金融、保险业务增长 20.6%。[①]

从产业占比看，2016 年艺术、娱乐与疗养业和金融与保险业的产值在服务业中占比最高，艺术、娱乐与疗养业产值达到 2361.57 亿德拉姆，占比 19%，金融业为 2469.39 亿德拉姆，占比 19%；占比居第二位的是信息与通信业为 2229.95 亿德拉姆，占比 18%；居第三位的是运输业，为 1688.43 亿德拉姆，占比 13%；居第四位的是住宿与餐饮业，为 943.88 亿德拉姆，占比 7%[②]。

三、亚美尼亚的外贸和投资状况

（一）亚美尼亚对外贸易情况

1. 亚美尼亚对外贸易整体情况。

亚美尼亚是世贸组织（WTO）和欧亚经济联盟（EEU）的成员国，实行自由的对外贸易管理政策。独立后，亚美尼亚开展对外贸易的主要形式有一般贸易、边境贸易、补偿贸易和转口贸易等。当前，亚美尼亚外贸结算方式有现汇结算和易货结算两种，其中与独联体国家之间的贸易以易货方式为主，与世界其他国家之间的贸易以现汇方式为主。

从货物贸易出口额来看，2008～2017 年，亚美尼亚对外货物贸易出口额基本保持稳定，除 2009 年、2015 年、2016 年货物贸易出口额低至 33 亿美元外，其他各年份基本维持在 40 亿美元的水平；从货物贸易进口额来看，除 2009 年亚美尼亚货物进口额有较明显的下降外，其他各年份货物贸易进口额基本保持平稳上升。从货物贸易总额来看，2008 年亚美

①② 资料来源：亚美尼亚国家统计局（http：//armstat. am/）。

尼亚货物贸易总额达到51.56亿美元，但随后受金融危机影响，2009年亚美尼亚的外贸需求下降，对外货物贸易总额同比大幅下降。2009年以来，亚美尼亚政府采取调整产业结构、扩大内需、加快基础设施建设、大力扶植农业等措施，努力消除金融危机后果，取得一定成效，2011年亚美尼亚对外货物贸易总额已恢复至2008年金融危机前的水平，达到54.30亿美元。但2012~2015年，受俄罗斯、乌克兰等主要经贸伙伴经济低迷连累，加之世界经济不振和周边国家经济下滑等影响，外高加索地区各国经济发展步伐整体放缓，亚美尼亚外贸形势持续走低，增速只有1%左右。直到2015年俄罗斯等周边国家经济的好转才带动亚美尼亚贸易额持续上涨，2017年亚美尼亚对外货物贸易总额回升至2014年的较高水平，见图1-6。

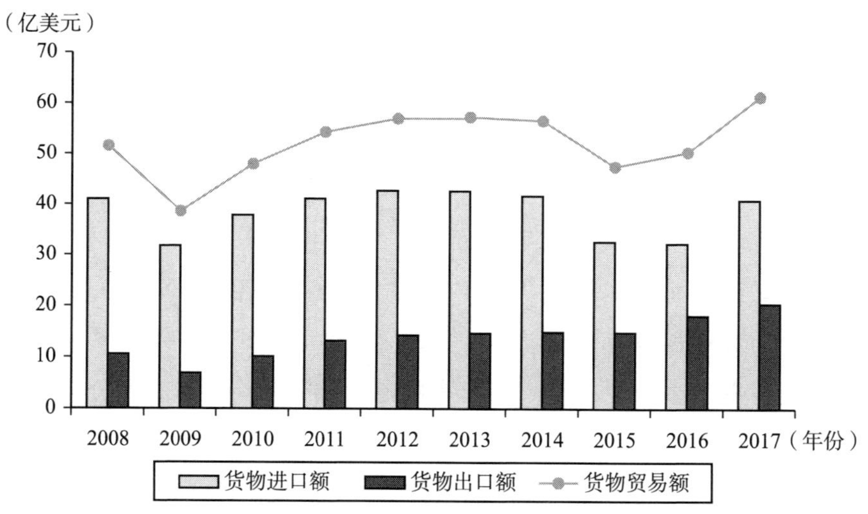

图1-6　2008~2017年亚美尼亚货物贸易额情况

资料来源：联合国贸发会议数据库（https：//comtrade. un. org/）。

2. 亚美尼亚对外贸易商品结构。

从出口结构来看，2016年亚美尼亚的主要出口产品是矿石与金属、食品、工业制成品等，其中矿石与金属占亚美尼亚出口额的比重为37.62%，由工业、制造业生产的食品则占到了34.20%，工业制成品占比为 23.46%。从出口服务产品来看，亚美尼亚的主要出口服务产品是旅游、计算机及通信、交通运输等，其各自占亚美尼亚出口服务产品的比重分别为 61.34%、25.01% 和 11.96%，见表 1-4。

表 1-4　　2016 年亚美尼亚主要出口产品情况　　单位：%

出口货物产品	占货物出口额的比重	出口服务产品	占服务出口额的比重
矿石与金属	37.62	旅游	61.34
食品	34.20	计算机及通信	25.01
工业制成品	23.46	交通运输	11.96

资料来源：世界银行数据库（http://www.shihang.org/）。

从进口结构来看，2016 年亚美尼亚的主要进口产品是工业制成品、食品、燃料等，其中工业制成品占亚美尼亚进口比重为 58.46%，由工业、制造业生产的食品则占到了 19.09%，燃料占比为 18.00%。从进口服务产品来看，亚美尼亚的主要进口服务产品是旅游、交通运输、计算机及通信等，其各自占亚美尼亚进口服务产品的比重分别为 64.69%、22.29% 和 9.28%，见表 1-5。

表 1-5　　2016 年亚美尼亚主要进口产品情况　　单位：%

进口货物产品	占货物进口额的比重	进口服务产品	占商业服务进口额的比重
工业制成品	58.46	旅游	64.69
食品	19.09	交通运输	22.29
燃料	18.00	计算机及通信	9.28

资料来源：世界银行数据库（http://www.shihang.org/）。

3. 亚美尼亚对外贸易国别结构。

独立以来，亚美尼亚的主要外贸伙伴是独联体国家、欧盟各国、伊朗、阿拉伯国家及美国。独立初期，独联体国家是亚美尼亚的主要贸易伙伴，与独联体国家的贸易占亚美尼亚外贸的大部分。独立后，该国与独联体国家间的贸易所占的比重逐年下降，与世界其他国家间的贸易比重不断增长。从近十年亚美尼亚出口前五大贸易伙伴的变动可以看出，除了独联体国家，亚美尼亚与其他国家的贸易合作越来越多，其中瑞士在2017年首次成为亚美尼亚的第三大出口贸易伙伴国，见表1－6。

表1－6　　2008～2017年亚美尼亚出口前五大贸易伙伴情况

年份	排名	主要出口国	出口额占比（%）	年份	排名	主要出口国	出口额占比（%）
2017	1	俄罗斯	26.47	2016	1	俄罗斯	20.63
2017	2	保加利亚	14.01	2016	2	保加利亚	9.04
2017	3	瑞士	11.78	2016	3	格鲁吉亚	7.81
2017	4	格鲁吉亚	7.01	2016	4	伊朗	7.77
2017	5	中国	6.03	2016	5	德国	7.48
2015	1	俄罗斯	15.23	2014	1	俄罗斯	20.44
2015	2	中国	11.14	2014	2	中国	11.47
2015	3	德国	9.78	2014	3	德国	10.63
2015	4	伊朗	8.81	2014	4	加拿大	6.26
2015	5	格鲁吉亚	7.69	2014	5	美国	5.85
2013	1	俄罗斯	22.61	2012	1	俄罗斯	19.46
2013	2	保加利亚	10.37	2012	2	德国	10.71
2013	3	比利时	8.93	2012	3	保加利亚	9.05
2013	4	中国	6.03	2012	4	比利时	8.90
2013	5	加拿大	5.95	2012	5	伊朗	6.60
2011	1	俄罗斯	16.73	2010	1	俄罗斯	15.81
2011	2	德国	11.95	2010	2	保加利亚	15.48
2011	3	保加利亚	11.52	2010	3	德国	13.11
2011	4	荷兰	8.87	2010	4	荷兰	9.75
2011	5	美国	7.61	2010	5	美国	8.14
2009	1	德国	16.78	2008	1	俄罗斯	20.31
2009	2	俄罗斯	15.65	2008	2	德国	17.40

续表

年份	排名	主要出口国	出口额占比（%）	年份	排名	主要出口国	出口额占比（%）
2009	3	美国	9.71	2008	3	荷兰	12.41
2009	4	保加利亚	8.77	2008	4	比利时	8.63
2009	5	荷兰	7.63	2008	5	格鲁吉亚	7.30

资料来源：笔者根据联合国贸发会议数据库资料整理而得（https：//comtrade. un. org/）。

与出口贸易伙伴国相比，前五大进口贸易伙伴国相对国别较少，分散度较小，集中在俄罗斯、中国、土耳其、伊朗等国家，而中国一直保持第二大进口贸易伙伴国的地位，见表1－7。

表1－7　　2008～2017年亚美尼亚进口前五大贸易伙伴情况

年份	排名	主要进口国	进口额占比（%）	年份	排名	主要进口国	进口额占比（%）
2017	1	俄罗斯	28.72	2016	1	俄罗斯	30.78
2017	2	中国	11.75	2016	2	中国	11.29
2017	3	土耳其	5.60	2016	3	土耳其	5.25
2017	4	伊朗	4.39	2016	4	伊朗	5.12
2017	5	德国	4.29	2016	5	德国	4.98
2015	1	俄罗斯	30.43	2014	1	俄罗斯	25.71
2015	2	中国	9.69	2014	2	中国	9.96
2015	3	伊朗	6.01	2014	3	土耳其	5.55
2015	4	德国	5.59	2014	4	伊朗	4.96
2015	5	意大利	4.54	2014	5	乌克兰	4.85
2013	1	俄罗斯	25.95	2012	1	俄罗斯	24.66
2013	2	中国	9.01	2012	2	中国	9.31
2013	3	乌克兰	5.32	2012	3	伊朗	5.14
2013	4	土耳其	4.94	2012	4	乌克兰	5.06
2013	5	伊朗	4.41	2012	5	土耳其	4.99

续表

年份	排名	主要进口国	进口额占比（%）	年份	排名	主要进口国	进口额占比（%）
2011	1	俄罗斯	21.55	2010	1	俄罗斯	21.90
2011	2	中国	9.80	2010	2	中国	10.63
2011	3	土耳其	5.85	2010	3	乌克兰	6.07
2011	4	乌克兰	5.65	2010	4	伊朗	5.76
2011	5	伊朗	5.28	2010	5	土耳其	5.57
2009	1	俄罗斯	24.83	2008	1	俄罗斯	20.36
2009	2	中国	8.97	2008	2	中国	9.17
2009	3	乌克兰	6.38	2008	3	乌克兰	7.56
2009	4	土耳其	5.60	2008	4	土耳其	6.52
2009	5	伊朗	4.22	2008	5	伊朗	4.90

资料来源：笔者根据联合国贸发会议数据库资料整理而得（https://comtrade.un.org/）。

根据表1-6、表1-7的排名情况，我们分别将各年份排名第一的贸易伙伴记作5分，排名第二的贸易伙伴记作4分，以此类推，将2008~2017年亚美尼亚对外进出口贸易伙伴的得分情况进行了整理，见表1-8。从表1-8中能直观看出，亚美尼亚进出口贸易伙伴相对集中，十年来亚美尼亚进口贸易伙伴只有7个国家，出口贸易伙伴也仅有11个国家。其中，俄罗斯、德国、中国和伊朗既是亚美尼亚重要的出口贸易伙伴国，又是重要的进口贸易伙伴国。目前，中国作为亚美尼亚的进口贸易伙伴国的得分较高，而在出口方面仅排在第4位且和前3位有较大差距，说明未来中国和亚美尼亚双边贸易方面仍有较大发展潜力。

表1-8　2008~2017年亚美尼亚进出口贸易伙伴国得分情况

出口贸易伙伴国	得分	进口贸易伙伴国	得分
俄罗斯	49	俄罗斯	50
德国	27	中国	40
保加利亚	24	土耳其	18

续表

出口贸易伙伴国	得分	进口贸易伙伴国	得分
中国	11	伊朗	18
荷兰	8	乌克兰	17
格鲁吉亚	7	德国	4
比利时	7	意大利	1
美国	6	—	—
伊朗	5	—	—
加拿大	3	—	—
瑞士	3	—	—

资料来源：笔者根据联合国贸发会议数据库资料整理而得（https：//comtrade. un. org/）。

（二）亚美尼亚吸引外商直接投资情况

1. 亚美尼亚吸引外商直接投资整体情况。

对亚美尼亚而言，外国投资是促进社会生活各方面实现现代化的重要资金和技术来源，是获取企业管理和市场营销相关理论与经验的必然途径，是建立包括发展双边、多边一体化机制在内的广泛国际合作的手段。亚美尼亚的投资政策在独联体国家中是最宽松的，对外资主要采取“门户开放”的策略。亚美尼亚与 37 个国家分别签订了关于鼓励和相互保护双方投资的双边协议。其政府全面深化改革营商环境，为海外投资者创造有利的投资和商业机会，成效显著。联合国贸发会议发布的 2016 年《世界投资报告》显示，2015 年，亚美尼亚吸收外资流量为 1. 81 亿美元，对外直接投资流量为 0. 11 亿美元。根据全球经济数据库，截至 2016 年底，亚美尼亚共吸收外资存量为 82. 26 亿美元。

2004 ~2015 年间，亚美尼亚吸引外商直接投资额没有明显规律可循，具体来看，在 2004 ~2008 年间，亚美尼亚吸收外商直接投资稳定上升，但是在 2008 年达到极值之后的几年以来，亚美尼亚吸收外商直接投资额呈现多次波动，其中 2013 年以来更是呈现了剧烈波动，外商直接投资额的剧烈波动可能由多种因素共同导致，但从一定程度上反映了亚美尼亚境内投资环境的波动情况，中国企业赴亚美尼亚直接投资时需要保持谨慎的态度，见图 1 –7。

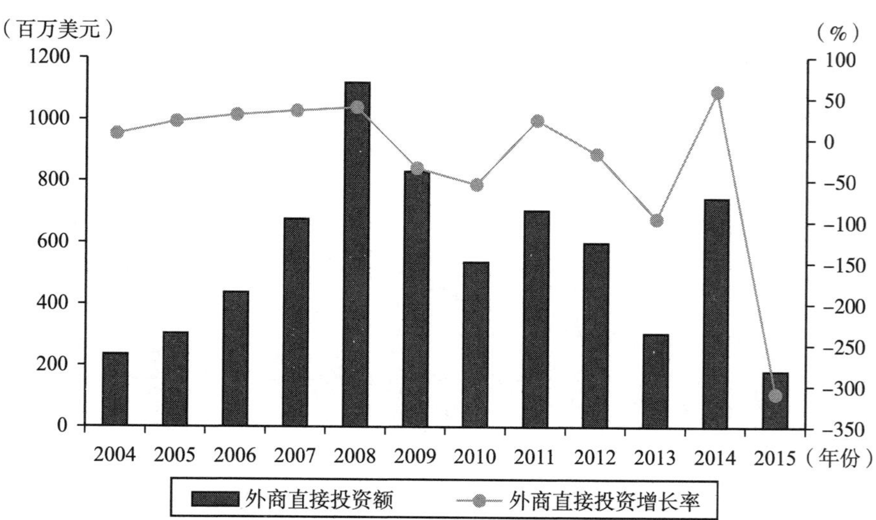

图1－7　2004～2015年亚美尼亚吸引外商直接投资情况

资料来源：中国经济数据库（http：//www. ceicdata. com）。

2. 亚美尼亚外商直接投资来源国及外商直接投资主要产业。

根据《2017年亚美尼亚投资指南》显示，亚美尼亚外资主要来源国依次为俄罗斯、法国、德国、美国、阿根廷、塞浦路斯、英国、希腊、卢森堡、黎巴嫩，见图1－8；其中，俄罗斯在亚美尼亚的直接投资额远超其

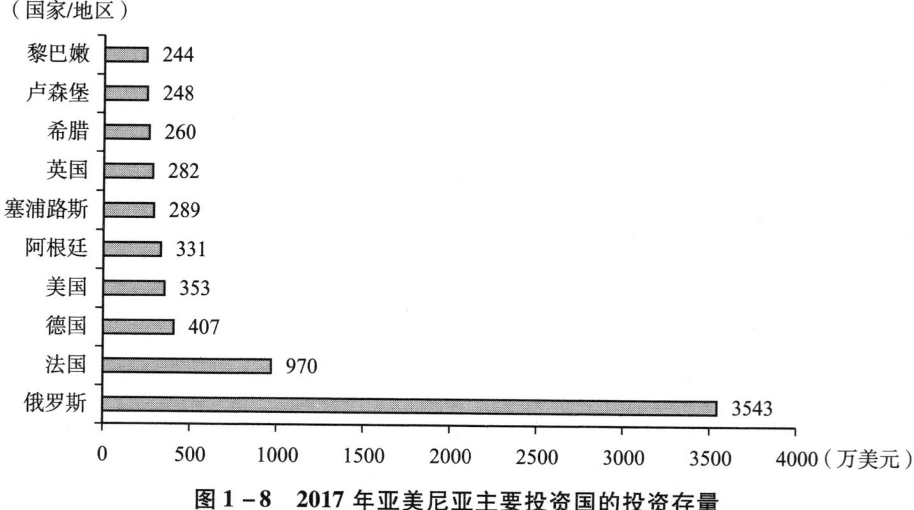

图1－8　2017年亚美尼亚主要投资国的投资存量

资料来源：《2017年亚美尼亚投资指南》（http：//oys. mofcom. gov. cn/article/ztxx/20169/20160901384717. shtml）。

他国家，截至 2017 年，俄罗斯在亚美尼亚的直接投资存量超过 3500 万美元，基本等于其他国家在亚美尼亚直接投资总额，在亚美尼亚经济中占据了主导地位。截至 2017 年，中国在亚美尼亚的直接投资存量几乎可以忽略，中国与亚美尼亚的双边投资仍有较大发展潜力。

整体上来看，亚美尼亚所吸引的外商直接投资投向的产业主要是能源业、通信业、加工制造业与采矿业。2010 ~ 2016 年，亚美尼亚外资投向的产业主要是能源业、通信业、采矿业以及加工制造业，其吸引外商直接投资额分别为 9.5 亿美元、8.89 亿美元、3.18 亿美元、3.04 亿美元，见图 1 - 9。其中，采矿业和加工制造业是工业中贡献大量 GDP 的最主要的两个部门。

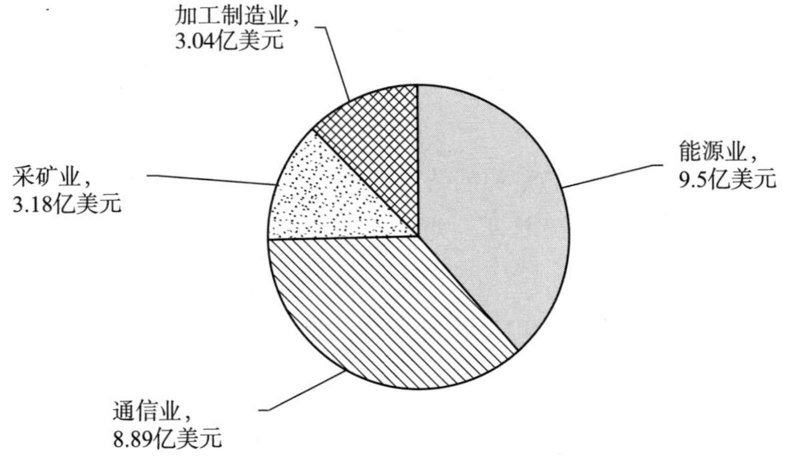

图 1 - 9　亚美尼亚吸引外商直接投资的产业结构

资料来源：《2017 年亚美尼亚投资指南》，（http：//oys. mofcom. gov. cn/article/ztxx/20169/20160901384717. shtml）。

四、亚美尼亚的投资环境

中国与亚美尼亚在进行产能合作时应关注国家整体竞争力、该国市场的营商环境和经济自由度。三个指标往往能够表现出一国吸引外部资金和贸易的能力。亚美尼亚虽位居内陆，但经济自由度高，经贸发展稳定。近几年来，亚美尼亚在一些国际组织有关“营商环境”“经济自由程度”和“综合竞争力”等方面的评定较为出众，排名靠前或处于居中的位置：2018 年营商环境排名第 47 位（190 个国家）；经济自由度指数首次达到

8.0 以上，排名第 44 位（180 个国家）；2017 ~2018 年全球竞争力指数中排名第 73 位（137 个国家），商务环境整体较好。此外，亚美尼亚的创新环境也较好，2015 年在全球创新指数排名中居第 61 位（141 个国家）；2012 年在知识经济指数排名中居第 71 位（146 个国家）。①

本节将通过三个指标的具体分析，展现出亚美尼亚的营商环境，识别出亚美尼亚具有竞争优势的营商环境因素与营商环境劣势，以便中国企业能够更好地在亚美尼亚进行投资。

（一）全球竞争力②

全球竞争力是指该国经济持续增长能力以及企业投资该国在宏观层面的发展前景，通常采用全球竞争力指数来衡量，由 12 个竞争力支柱项目构成，分别是制度、基础设施、宏观经济稳定性、健康与初等教育、高等教育与培训、商品市场效率、劳动市场效率、金融市场成熟度、技术设备、市场规模、商务成熟性和创新，其为识别处于不同发展阶段的世界各国竞争力状态提供了全面图景，见表 1 –9。

表 1 –9　　亚美尼亚与周边主要国家全球竞争力排名情况

国家	2017 ~2018 年	2016 ~2017 年	2017 ~2018 年与 2016 ~2017 年比较
中国	27	28	上升
阿塞拜疆	35	37	上升
俄罗斯	38	43	上升
土耳其	53	55	上升
格鲁吉亚	67	59	下降
伊朗	69	76	上升
亚美尼亚	73	79	上升

资料来源：世界经济论坛（*The Global Competitiveness Report* 2017 – 2018）（https：//www. weforum. org/）。

① 资料来源：商务部，《2018 年对外投资合作国别（地区）指南 – 亚美尼亚》（http：//www. yidaiyilu. gov. cn/zchj/zcfg/6858. htm）。

② 全球竞争力指数（GCI）：由萨拉 · 伊 · 马丁教授为世界经济论坛设计，旨在衡量一国在中长期取得经济持续增长的能力，全球竞争力指数（GCI）由总部设在日内瓦的世界经济论坛每年公布一次。

从表1－9可见，2017～2018年期间，亚美尼亚虽在137个国家中排名第73位，处于中游位置，与周边主要国家对比发现，尽管低于阿塞拜疆和格鲁吉亚，但总体来说是处于上升的趋势。为了清晰了解影响亚美尼亚全球竞争力的因素，本书列出12个竞争支柱项目，以探究亚美尼亚的竞争优势和竞争劣势，同时以中国为参照，对比两国在不同维度上的竞争力，见图1－10。

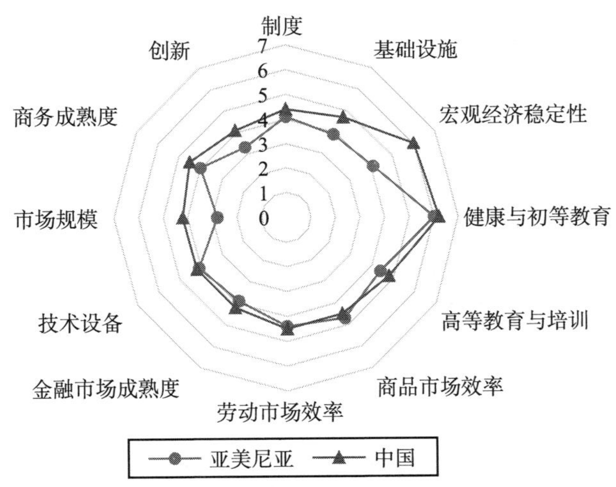

图1－10　2017～2018年亚美尼亚与中国竞争支柱项目比较

资料来源：世界经济论坛（*The Global Competitiveness Report* 2017－2018）（https：//www. weforum. org/）。

图1－10中每个竞争指标最高分为7分，分数越高代表该指标状况良好，距离圆心越远，说明亚美尼亚在该指标是表现优势。同中国各竞争项目相比较，可以发现，亚美尼亚在市场规模、基础设施、宏观经济稳定性方面处于明显劣势。这表明亚美尼亚的市场规模可能成为中国产能合作的障碍，其国内外市场规模指数排名不高，GDP的得分也较低，但通过第一章的分析发现，亚美尼亚的经济辐射度较高，在该地区具有重要的经济战略地位，其联系的欧亚经济联盟是一个1.8亿人口、经济规模达3万亿美元的巨大市场。基础设施也是亚美尼亚的主要短板，缺乏相对的具有吸引力的便利化设施，特别是公路、港口、航空可用座位公里数与电力设备。

宏观市场的稳定性应该是中国与亚美尼亚产能合作的重点关注问题，其中，政府预算、通货膨胀和国家信用评级是影响亚美尼亚宏观市场稳定性的主要因素。而亚美尼亚在制度、健康与初等教育、高等教育、商品市场效率、劳动市场效率、金融市场成熟度、技术设备和商务成熟度方面不缺乏竞争力的情况，能够为中国的产能合作提供良好的条件。

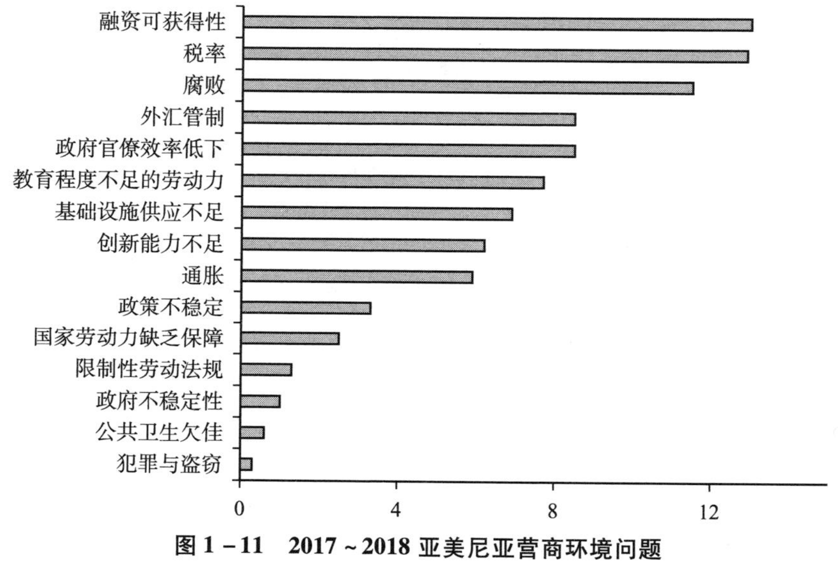

图 1－11　2017～2018 亚美尼亚营商环境问题

资料来源：世界经济论坛（*The Global Competitiveness Report* 2017－2018）（https：//www. weforum. org/）。

为了找到究竟是哪种亚美尼亚国家因素影响微观企业的投资行为，世界经济论坛将 16 个问题作为影响微观企业经济的因素，通过对企业高管的问卷调查，挖掘出在亚美尼亚经济中影响微观企业经营活动的主要问题。该结果是按照全球竞争力和高管打分的加权方式得出的分数，分数越高，表明问题越大。

从图 1－11 中可以看出，中国企业在亚美尼亚营商过程中，应注意以下几个方面的风险问题：融资可获得性、税率、腐败、外汇管制、政府官僚效率低下、教育程度不足的劳动力、基础设施供应不足、创新能力不足和通胀。

（二）经济自由度[①]

一般条件下，与那些拥有较少经济自由度的国家和地区相比，具有较多经济自由度的国家和地区拥有较快的长期经济增长速度，经济也会更繁荣。经济自由度指数（Index of Economic Freedom）根据50个社会经济指标对各国和地区进行评分，每一个指标的最高分为10分，最低分为0.1分。如果在一个指标上分数越高，说明政府对社会经济干预水平就越高，则经济自由度就越低。根据50个社会经济指标累加后的平均值计算出总体系数后，根据总体系数，将各个国家和地区分为5个等级：完全自由（8~10分）、比较自由（7~8分）、适度自由（6~7分）、比较压制（5~6分）和压制（5分或以下）。

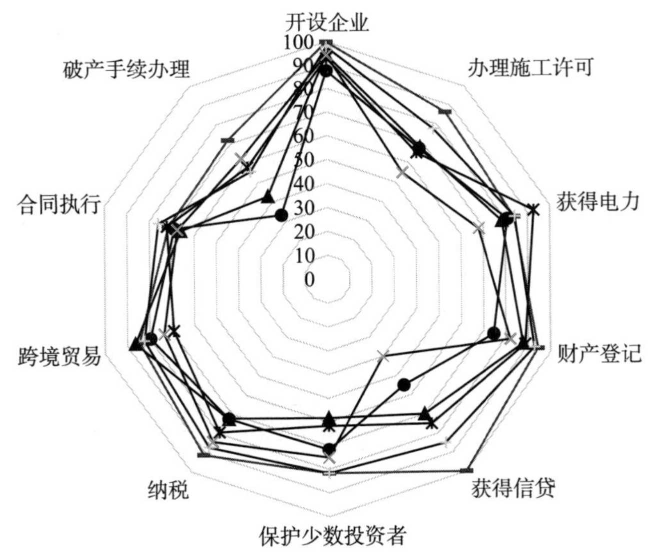

图1-12　2018年六国营商便利化10大领域综合得分雷达

资料来源：世界银行《营商环境报告2012-2018》（http://www.worldbank.org/）。

① 经济自由度指数：是美国传统基金会和美国《华尔街日报》发布的年度报告，涵盖全球190个（2018年）国家和地区，是全球权威的经济自由度评价指标之一。

亚美尼亚具有较高的经济自由度，2018 年经济自由度指标首次超过 8.0，在全部 190 个国家中排名第 23 位，并首次进入经济高度自由国家序列，成为拥有与新加坡、新西兰、瑞士等国家并驾齐驱潜力的国家。与周边国家相比，亚美尼亚具有相当的经济自由优势，在中亚—高加索地区，亚美尼亚在经济自由度上具有非常大的竞争优势，成为吸引外部直接投资和营商贸易的宏观经济优势条件。亚美尼亚经济自由度较高的原因可能在于：经济自由制度化程度较深、政府对经济干预程度较小、对产权保护力度较大、国内政治环境稳定、商业和监管力度较大等。

因此，中国企业有较多的机会到亚美尼亚开展商务活动，亚美尼亚也适合企业进行经济活动。

（三）营商环境①

营商环境是一个国家或地区有效开展国际交流与合作、参与国际竞争的重要依托，是一个国家或地区经济软实力的重要体现，是提高国际竞争力的重要内容。世界银行通过对 155 个国家和地区的调查研究，从 10 个领域中评分并排名（见表 1－10）。营商环境指数排名越高或越靠前，表明在该国从事企业经营活动条件越宽松；相反，指数排名越低或越靠后，则表明在该国从事企业经营活动越困难。

表 1－10　亚美尼亚和周边主要国家营商环境排名

国家	2012 年	2013 年	2014 年	2015 年	2016 年	2017 年	2018 年
格鲁吉亚	16	9	8	15	24	16	9
亚美尼亚	55	32	37	45	35	38	47
阿塞拜疆	66	67	70	80	63	65	57
土耳其	71	71	69	55	55	69	60

① 企业营商环境指标是 2001 年世界银行提出加快发展各国私营部门的新战略，制定出一套衡量和评估各国私营部门发展环境的指标体系，即企业营商环境指标体系。经过十几年的发展，已经形成了 10 个领域的指数计算方法，并在每年正式出版年度报告。

续表

国家	2012 年	2013 年	2014 年	2015 年	2016 年	2017 年	2018 年
俄罗斯	120	112	92	62	51	40	35
伊朗	144	145	152	130	118	120	124
中国	91	91	96	90	84	78	78

资料来源：世界银行《营商环境报告 2012－2018》（http：//www.worldbank.org/）。

亚美尼亚营商环境较好，与周围国家相比具有较强的竞争实力。2012年，亚美尼亚在全球155个国家中排名第55位，居于表1－10七国中的第2位，仅次于格鲁吉亚，优于俄罗斯和中国。之后的年度里，其营商便利化的排名逐渐提升，这表现了亚美尼亚在改善营商环境方面做出的努力。2016～2018年间，在其他国家营商便利改善的同时，亚美尼亚仍以世界第35、38和47的排名位列七国中的第2位。可见，亚美尼亚在营商环境领域没有致命的短板。这可能是由于亚美尼亚颁布了有利于国家经济改革的计划和纲领，在努力提升政府办事效率、大力吸引外资、促进外贸平稳发展、改善经济运行环境方面推出了一系列刺激经济增长和改善营商环境的措施，并积极提升国家整体形象。

世界银行经过十几年的探索、整理和归纳，建立了一整套衡量各国营商环境的指标体系，目前将10个重要指标纳入评价体系，分别是“开设企业、办理施工许可、获得电力、财产登记、获得信贷、保护少数投资者、纳税、跨境贸易、合同执行、破产手续办理”（见图1－12）。通过对这些指标的分析，能够帮助中国企业找到亚美尼亚营商优势、需要合作的路径和模式。

由于亚美尼亚在一些领域表现出较强的优势，2018年其营商便利总排名为第47位。在2018年的营商环境评定中，新西兰得分最高，排名第1位，因此，与新西兰的对比有利于找到亚美尼亚的营商优势领域。在新西兰、土耳其、俄罗斯、格鲁吉亚、阿塞拜疆与亚美尼亚六国的10大领域比较中，亚美尼亚在“开设企业”“办理施工许可”“财产登记”和“跨境贸易”领域具有较强的实力，其中，在189个国家中，“开设企业”领域排名第15位，“财产登记”领域排名第13位。在“获得电力”和“财产登记”领域较上年有较大的提升。与此同时，在“保护少数投资者”“合同执行”和“破产手续办理”与格鲁吉亚等周边国家相比处于劣势地位。

为改善商业环境，亚美尼亚在2016年采取措施有：（1）在施工许可方面，取消了对低风险项目从独立专家获得建筑图纸许可和施工技术监督的要求；（2）在跨境贸易方面，通过加入欧亚经济联盟，降低了对俄贸易合规和边境合规上的时间和成本等；（3）在合同执行方面，出台新法规，要求案件通过全自动系统随机分配给法官，这使得合同执行更加简易透明；（4）亚美尼亚通过修订电力程序，引入新的地理信息系统，使电力更容易接入公共事业部门。

中国与亚美尼亚的产能合作不仅要考虑到该国的投资环境，还要考虑到企业在该国的经营成本。商务成本主要包括企业运营所需的各种价格，如水、电、气、油等（见表1－11）。亚美尼亚与周边国家同属于独联体，具有重要的经济战略地位，在经济结构和环境上具有相当的相似度。与周边的国家相比，亚美尼亚在工业水价和劳动力工资上具有成本优势，但在工业电价、工业天然气和石油上的成本较高，其原因是亚美尼亚在能源储备和生产方面不具有其他周边国家的丰裕程度，这也是制约亚美尼亚经济发展的一个重要因素。

表1－11　2015年亚美尼亚与周边主要国家及中国商务成本对比　单位：美元

国家	工业电价（千瓦时）	工业水价（立方米）	工业天然气价（立方米）	汽油（升）	平均工资（月）	最低工资（月）
亚美尼亚	0.09（日） 0.07（夜）	0.42	0.380	1.01	411	84.1
俄罗斯	0.057	0.39	0.094	0.64	556	108.4
格鲁吉亚	0.07	1.96	0.330	0.84	424*	—

续表

国家	工业电价（千瓦时）	工业水价（立方米）	工业天然气价（立方米）	汽油（升）	平均工资（月）	最低工资（月）
阿塞拜疆	0.058	0.67（上水） 0.19（下水）	0.095	0.67 （92号汽油）	566*	134.0^
中国	0.127	0.22~1.31	0.270~0.780	0.89 （93号汽油）	717.34	—

注：城市用水有上水、中水和下水之分，日常饮用自来水即为上水，而生活污水和工业废水统称为下水，中水介于上水和下水之间，指下水经过适当处理，用于生活、市政、环境等范围使用的非饮用水。表中标记“*”代表2014年数据，标记“^”代表2013年数据。

资料来源：商务部《对外投资合作国别（地区）指南》；中商情报网（http：//www.askci.com）；中国水网（http：//price.h2o-china.com）；国家统计局（http：//data.stats.gov.cn/index.htm）。

第二节　亚美尼亚的优势产业

为了能够识别出亚美尼亚的优势产业，本书将从产业和产品两个层面对亚美尼亚的优势产业进行比较，分别选取工业生产指数和显示性比较优势指数。本节从宏观角度的产业层面找出具有比较优势的产业部门，细分出具体的产业状态。之后，本节将从微观产品层面，采用RCA比较优势产品，反推出亚美尼亚具有比较优势的产业。通过宏观的产业层面和微观的产品层面分离和匹配出亚美尼亚具有比较优势的产业。

一、产业层面比较优势分析

从产业层面上看，亚美尼亚主要发展农业、工业、建筑业和服务业。2016年，在所有产业中，亚美尼亚工业最为突出，占2016年全年产值的35.90%；其次是服务业，占2016年全年产值的31.80%，这主要得益于亚美尼亚的旅游业、金融与保险业、运输业、信息与通信业。农业部门是亚美尼亚最需要发展的部门，虽然占2016年全年产值的22.01%，但由于其农业主要依赖于进口，在全部产业发展中较为薄弱。因此，该部分不将亚美尼亚的农业作为其发展的优势产业来分析。最后，建筑业是亚美尼亚宏观经济的一个重要支柱，在 2016 年中占全年产值的 10.29%。虽然建筑业曾经是亚美尼亚的支柱产业，但是近年来其产值逐渐下降，亚美尼亚政府更是有意减少对建筑业的依赖，并且根据亚美尼亚国家统计局的相关数据显示，有很大一部分来源于国际人道主义援助，因此，建筑业不作为优势产业进行分析。

（一）工业

苏联解体后，原有的工业部门逐渐成为亚美尼亚 GDP 增长的重要支柱部门，本书根据亚美尼亚国家统计局分类标准，将工业按照经济活动种类分为四个部分：采矿和采石业，制造业，电力、燃气、蒸汽和空调供应，供水、排污、废物管理和整治活动（WS），见图 1－13。

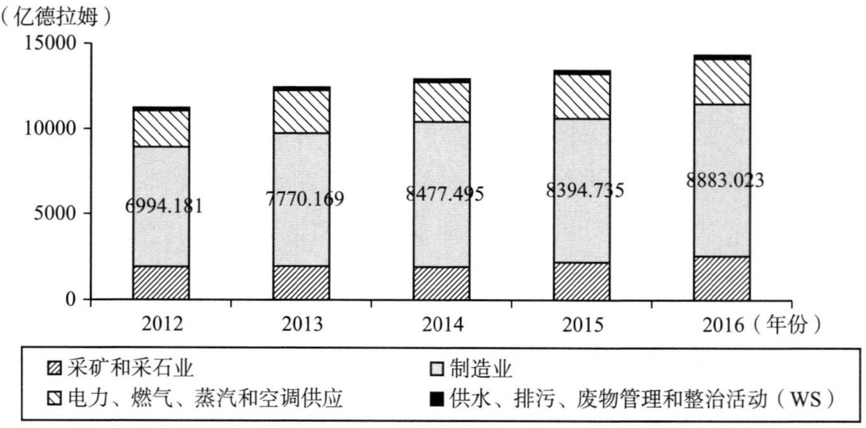

图 1－13　2012～2016 年亚美尼亚各工业部门生产总值

资料来源：亚美尼亚国家统计局（http：//armstat. am/）。

表 1－12　2012～2016 年亚美尼亚工业部门占 GDP 比重　单位：%

工业部门	2012 年	2013 年	2014 年	2015 年	2016 年
采矿和采石业	17.2	15.8	15.0	16.4	17.9
制造业	62.3	62.6	65.7	62.5	62.0

续表

工业部门	2012 年	2013 年	2014 年	2015 年	2016 年
电力、燃气、蒸汽和空调供应	18.9	20.2	17.9	19.5	18.5
供水、排污、废物管理和整治活动（WS）	1.6	1.4	1.4	1.6	1.6

资料来源：亚美尼亚国家统计局（http：//armstat. am/）。

从图 1 – 13 中可以看出，在亚美尼亚整个工业体系中，制造业产值较高，制造业的产值占工业部门的比重较大，成为亚美尼亚经济贡献率最高的部门类别，见表 1 – 12。2012 ~2016 年期间，制造业占工业生产总值比重均在 62% 以上，制造业产值相对稳定，2016 年工业产值为 88. 83 亿德拉姆（约合 1. 15 亿人民币）。其次是采矿与采石业。从制造活动的行业分布来看，我们也会发现他们之间有很高的经济依赖性。因此，本书认为，亚美尼亚在制造业方面具有竞争优势。

为了识别制造业优势细分部门，本书根据亚美尼亚国家统计局统计分类标准，又将制造业分化为 14 个制造业部门，见图 1 – 14。从图 1 – 14 中可以看出，在制造业工业中，食品加工、饮料加工、烟草制品、基础金属制品及其他非金属矿物产品制造业成为亚美尼亚制造部分最突出的部分。其中，食品加工、饮料加工业最为突出。

将这五类占比较大的制造业识别出来，并考察 2012 ~2016 年的产值占比发现，在所有制造业部门中，食品和饮料的制造几乎占据了制造业的一半左右。这个行业在亚美尼亚的历史上扮演着重要的角色。苏联解体后，亚美尼亚在苏联时代最大的工业园区由于苏联的原料缺失和主要市场流失，工业产品产出占比显著下降，而使得食品生产行业的产出份额和作用急剧凸显，特别是考虑到国家粮食安全问题的重要性。而饮料制造业的生产成为食品制造领域的“独角兽”。产量占比第二大的制造业是基础金属制品业，2016 年该产业占整个制造业产值的份额为 17. 2% ，这再次表明了亚美尼亚经济在冶金方面的依赖性，包括金属采矿和冶金制造业共占全国工业总产值的 1/3 左右。该国对采矿和相关产业的依赖程度不断加深。

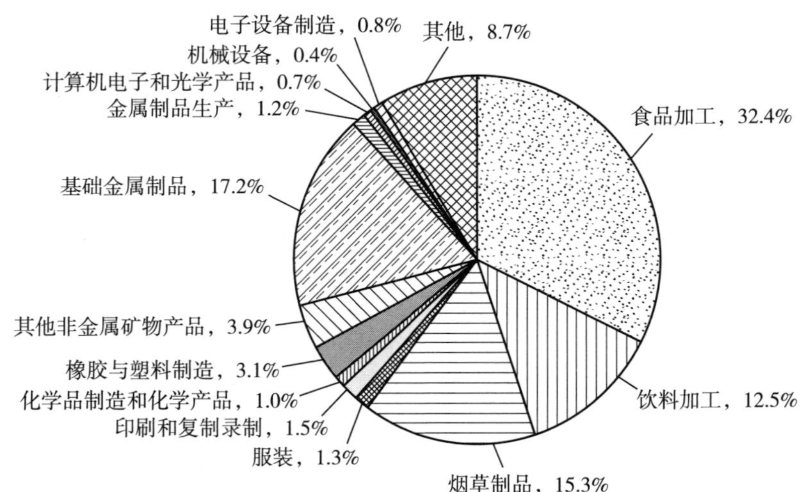

图 1－14　2016 年亚美尼亚工业生产部门产值比重

资料来源：亚美尼亚国家统计局（http：//armstat. am/）。

表 1－13　2012～2016 年间制造业五大部门占比　单位：%

工业部门	2012 年	2013 年	2014 年	2015 年	2016 年
食品与饮料加工	50. 30	51. 70	51. 20	46. 60	44. 90
基础金属制造	23. 50	20. 50	20. 30	18. 20	17. 20
烟草制品	3. 60	4. 90	7. 40	13. 30	15. 30
其他非金属矿物产品	6. 90	7. 00	6. 20	5. 10	3. 90

资料来源：亚美尼亚国家统计局（http：//armstat. am/）。

从 2014 年开始，烟草制品制造成为亚美尼亚第三大制造业产业，2016 年占比为 15. 3%。从发展趋势来看，食品与饮料加工业仍然是亚美尼亚制造业的支柱产业，未来仍具有发力空间；烟草制品的制造逐渐上升，这表明烟草业将成为亚美尼亚的另一个引领行业，但是基础金属制造业和其他非金属矿物产品制造业的比重逐年下降，见表 1－13，一种可能的原因是亚美尼亚虽然储备大量的矿物资源，但是限于开采技术和精加工技术，使得该产业的产值处于下降的趋势。

因此，根据上述分析，亚美尼亚在工业领域有较多的优势产业以及潜在的发展产业。首先，采矿与采石业是亚美尼亚的传统优势产业，这主要是因为亚美尼亚继承了苏联解体后的重工业部门，采矿与采石业就是重工业部门的重要支柱。其次，制造业是亚美尼亚的经济支柱，其食品与饮料加工、基础金属制造、烟草制品和其他非金属矿物产品制造是具有优势的产业。尤其是食品与饮料制造业，是亚美尼亚外向经济发展的典范，产品出口独联体国家，在饮料加工方面的葡萄酒享誉国际。最后，基础金属制造与其他非金属矿物产品制造业是采矿与采石业的下游产业，两部门都具有非常大的竞争优势，说明在矿产品加工产业链中，亚美尼亚具有较强的优势。

（二）服务业

当今，一国竞争优势不仅体现在能否形成竞争力强的制造业，还体现在能否形成竞争力强的服务业。2016 年，亚美尼亚全年服务业产值为 12689 亿德拉姆，占全年产值的 31.08%，其中，旅游业是亚美尼亚服务业的重要部门。近年来，由于旅游领域的公共政策，国家和地方政府部门以及公共和私营部门的合作，亚美尼亚的旅游业人数稳定，并且稳定增长。旅游业是亚美尼亚经济中特殊的部门之一，一直处于发展的状况。2001 ~2010 年，亚美尼亚国际游客的平均年增长率为 25%。2008 年，国际游客人数为 558440 人，比 2007 年增长了 9.4%。尽管 2009 年全球经济衰退期间游客人数减少，但亚美尼亚的国际游客人数并没有下降。2009 年，亚美尼亚接待游客达到 575281 人次，比 2008 年同期增加 3%（558443 人）。官方统计显示，2010 年 1 ~9 月，国际抵达人数为 487902 人，比 2009 年同期增长 15.6%。旅游业无疑成为亚美尼亚促进经济增长的新兴支柱性产业之一，今后极具发展潜力。①

游客可到达的范围广泛是旅游业发展的一个主要特征。因此，亚美尼亚具有很大的旅游潜力，在当今的国际旅游市场中扮演着重要角色。从亚

① 中国社会科学院，施玉宇，高歌等．列国志：亚美尼亚［M］．北京：社会科学文献出版社，2005.

美尼亚的服务业来讲，旅游业将作为亚美尼亚的重要经济贡献部门而具有相当大的产业优势和发展潜力。旅游业是亚美尼亚的相对优势产业。由于无法找到衡量旅游业的数量指标，因此，本书将旅游业作为亚美尼亚特色产业来分析。

二、产品层面比较优势分析

本部分将通过微观的产品层面，采用 RCA 比较优势指数，寻找出亚美尼亚的优势产品，之后将亚美尼亚优势产品归类，反推出亚美尼亚具有优势产业的叙述。比较优势指数可以反映一国的要素禀赋结构及其出口竞争力。根据 2016 年联合国贸发会议数据库（UNCOMTRADE）的数据显示，在 HS 编码层面上计算亚美尼亚出口产品的比较优势指数（RCA），并整理如表 1－14所示。亚美尼亚具有显著比较优势（RCA > 1. 25）的出口产品种类共 16 个。

表 1－14　　亚美尼亚具有显著比较优势的产品

优势产业	2011 年	2012 年	2013 年	2014 年	2015 年	2016 年	平均值
烟草、烟草及烟草代用品的制品	5. 42	12. 89	20. 31	33. 89	46. 91	46. 36	27. 63
饮料、酒及醋	18. 83	21. 33	23. 14	19. 62	11. 66	14. 89	18. 25
其他贱金属、金属陶瓷及其制品	11. 76	14. 24	13. 69	13. 48	7. 80	3. 49	10. 74
铜及其制品	9. 02	8. 29	7. 54	6. 09	6. 16	4. 96	7. 01
铝及其制品	7. 28	6. 94	6. 82	6. 68	5. 89	4. 89	6. 42
天然或养殖珍珠、宝石或半宝石	4. 33	3. 44	3. 39	4. 04	3. 60	4. 63	3. 91
蔬菜、水果、坚果或植物其他部分的制品	3. 03	3. 69	3. 67	4. 26	3. 52	2. 88	3. 51
钢铁	3. 87	3. 48	3. 35	3. 21	1. 9	1. 82	2. 94

续表

优势产业	2011 年	2012 年	2013 年	2014 年	2015 年	2016 年	平均值
盐，硫黄，泥土及石料，石膏料、石灰及水泥	3.00	3.94	4.48	2.24	0.94	1.18	2.63
鱼、甲壳动物、软体动物及其他水生无脊椎动物	2.24	2.85	3.99	3.57	1.48	0.84	2.50
食用水果及坚果，柑橘属水果或甜瓜的果皮	2.24	3.35	3.13	2.11	1.26	2.28	2.40
非针织或非钩编的服装及衣着附件	0.38	1.01	2.08	2.71	3.10	3.07	2.06
玻璃及其制品	1.97	1.81	2.92	2.33	1.06	0.76	1.81
活动物	0.32	2.6	2.78	1.69	2.39	0.49	1.71
石料、石膏、水泥、石棉、云母及类似材料的制品	1.99	1.92	1.79	1.59	1.11	1.54	1.66
咖啡、茶、马黛茶及调味香料	1.53	1.56	1.44	1.38	1.25	0.71	1.31

注：表格中的统计数据从 2011 ~ 2016 年，各产业按照历年比较优势算术平均数降序排列。历年比较优势算术平均数不具有特殊经济含义，仅为比较优势产业排序之用。

资料来源：根据联合国贸发会议数据库（https://comtrade.un.org）计算而得。

（一）烟草、烟草及烟草代用品的制品

亚美尼亚在该产业的比较优势显著增加。通过对 HS 编码的进一步研究发现，亚美尼亚在该产业主要出口雪茄、方头雪茄、小雪茄和香烟。近几年，亚美尼亚大力发展该产业，烟草公司指导烟农种植烟草，不断创新和推出新品，出口持续增加。

（二）饮料、酒及醋

亚美尼亚在该产业具有稳定且很高的比较优势。通过对 HS 编码的进一步研究发现，亚美尼亚在该产业主要出口高浓度酒精饮料如威士忌、葡萄酒和伏特加，其中又以伏特加出口最多。酒类酿造业在亚美尼亚经济方面有重要作用，该部门拥有优良的资源基地和技术设备，同时是外资青睐的领域，比较优势在不断扩大。葡萄酒酿制是亚美尼亚杰出酿造工艺的代

表，其悠久的历史可追溯至6100年前，但与白兰地相比，亚美尼亚葡萄酒在世界上的知名度小得多，无论是产量还是出口额都无法与白兰地相比。目前，亚美尼亚种植的葡萄除少部分用于零售和出口外，80%的葡萄都用于酿制白兰地和葡萄酒，其中92%用于生产白兰地，8%用于生产葡萄酒。截至2016年第三季度，亚美尼亚生产葡萄酒430万升，较上年增加7.4%；白兰地产量1350万升，同比增长25.1%。①

（三）其他贱金属、金属陶瓷及其制品、铜及其制品、铝及其制品

1. 铜及其制品。

亚美尼亚在该产业具有较强的比较优势，但优势逐年降低。通过对HS编码的进一步研究发现，亚美尼亚主要出口未精炼铜和电解精炼用的铜阳极。亚美尼亚的亚铜矿资源主要集中在南部休尼克州的卡贾朗镇（Kajaran）铜钼矿、阿加拉克（Agarak）铜钼矿、卡潘（Kapan）铜矿以及北部洛里州的阿拉韦尔迪（Alaverdi）铜钼矿等。据2010年统计数据显示，亚美尼亚已探明的铜钼矿总储量为19.5亿吨，最大的赞格祖尔（Zangezur）铜钼矿储量达17.5亿吨，占总储量的90.1%。2010～2014年，亚铜精矿年加工产量分别为11.8万吨、12.8万吨、15.6万吨、18.4万吨、19.2万吨。2015年得益于捷古特矿开始运营，产量上升至31.2万吨，同比大幅增长64.1%。② 亚美尼亚依托该国丰富的铜矿资源对其进行粗加工后出口，但其在深加工产品方面处于劣势，目前已积极引进外资，改善工艺发展铜及其制品深加工产品。

2. 铝及其制品。

亚美尼亚在该产业的比较优势逐年降低。通过对HS编码的进一步研究发现，亚美尼亚在该产业主要出口铝箔。该国拥有高加索地区唯一的铝

① 资料来源：《2016年前三季度亚美尼亚白兰地产量大幅上升》［EB/OL］. 中华人民共和国驻亚美尼亚共和国大使馆经济商务处（http：//www. mofcom. gov. cn/article/i/jyjl/e/201611/20161101555243. shtml）。

② 资料来源：《亚美尼亚矿产资源概况》［EB/OL］. 中华人民共和国驻亚美尼亚共和国大使馆经济商务处（http：//www. mofcom. gov. cn/article/ztdy/201611/20161101872510. shtml）。

箔制造厂并进行铝全面现代化改造，因此，在该产业具有比较优势。但在国际铝价下行以及行业竞争加剧等压力下，亚美尼亚的比较优势正逐年降低。

3. 其他贱金属、金属陶瓷及其制品。

亚美尼亚在该产业具有稳定且较强的比较优势。通过对 HS 编码的进一步研究发现，亚美尼亚在该产业主要出口铜矿石和精炼矿。亚美尼亚在该产业具有比较优势的来源是其丰富的矿产资源。亚美尼亚金属矿藏相对丰富，分布在中部、北部和东南部地区，多数为复合矿和多金属矿，如铜钼矿、铜铁矿、金—多金属矿、金—硫化物矿等。储量较多的金属有铁、铜、钼、铅、锌、金、银，其他还有铂、钯、镉、铋、硒、碲、铼、镓、锗、铊、铟、镝、砷、钡、铝等，近年又发现了铀矿。亚铜钼矿占世界总储量的 5. 1%，已探明的钼储量占世界的 7. 6%。截至 2015 年 9 月，亚美尼亚全国登记注册的矿区共有 37 处，有 25 处矿区已实现商业运营。①

（四）天然或养殖珍珠、宝石或半宝石

亚美尼亚在该产业的比较优势在 2009 ~ 2013 年间下降，2015 年小幅回升。对 HS 编码进一步研究发现，亚美尼亚主要出口（来料加工）钻石、黄金和珠宝。亚美尼亚是世界十大宝石和钻石加工国，廉价的劳动力和较高的产品质量是比较优势的来源。但由于亚美尼亚加工成本高于亚洲同行且受国际宏观经济环境影响导致订单减少，亚美尼亚在该产业的比较优势近年来逐年下降。

（五）鱼、甲壳动物、软体动物及其他水生无脊椎动物

亚美尼亚在该产业的比较优势在 2009 ~ 2013 年间上升，2014 年有所降低。对 HS 编码进一步研究发现，亚美尼亚主要出口活鲑鱼、冷冻鲑鱼等。目前，亚美尼亚商品鱼年产量约为 1. 3 万吨 ~ 1. 4 万吨，主要品种为鲑鱼、鲟鱼、鳟鱼等，近 20% 出口俄罗斯等国。亚美尼亚养殖场面积为

---

① 资料来源：《亚美尼亚矿产资源概况》［EB/OL］. 中华人民共和国驻亚美尼亚共和国大使馆经济商务处（http：//am. mofcom. gov. cn/article/ztdy/201611/20161101872510. shtml）。

3542 公顷。

因此，通过对产业细分产品的 RCA 指数分析，我们可以得到，亚美尼亚在珠宝业、水产养殖、饮料及酒业、矿产品加工业、基础金属制造业具有国际竞争出口优势。本节将亚美尼亚比较优势产品整理和归类到产业部门，得出亚美尼亚具有优势的产业是采矿与采石业及下游产业、食品与饮料加工业、烟草制品制造业，详见表 1－15。

表 1－15　　亚美尼亚优势产业部门及优势产品

优势产业部门	优势产品
采矿与采石业及下游产业	盐，硫黄，泥土及石料，石膏料、石灰及水泥； 玻璃及其制品； 铜及其制品； 铝及其制品； 钢铁； 其他贱金属、金属陶瓷及其制品； 石料、石膏、水泥、石棉、云母及类似材料的制品
食品与饮料加工业	鱼、甲壳动物、软体动物及其他水生无脊椎动物； 天然或养殖珍珠、宝石或半宝石； 咖啡、茶、马黛茶及调味香料； 食用水果及坚果，柑橘属水果或甜瓜的果皮； 活动物； 蔬菜、水果、坚果或植物其他部分的制品； 饮料、酒及醋
烟草制品制造业	烟草、烟草及烟草代用品的制品

资料来源：根据上述研究分析整理而得。

三、亚美尼亚比较优势产业

通过以上分析，本书认为，亚美尼亚在采矿与采石业及其下游产业、食品与饮料加工业、烟草制品制造业方面具有非常大的比较优势，比较优势产业概况见以下部分。

（一）采矿与采石业及下游产业

亚美尼亚采矿业发展较好。2015 年，亚美尼亚采矿业产值为 4.5 亿德拉姆，与上一年基本持平，见图1－15。亚美尼亚的采矿业主要依赖于金属矿石的开采，由于亚美尼亚的矿产加工能力较弱，对初级矿物进行深加工的难度较大，其矿产品主要是未经加工的矿物，见图1－16。尽管如此，采矿业仍是亚美尼亚工业中的支柱性产业和出口创汇产业之一。2015年，该产业的出口产品主要有：铜精矿、贵金属、粗铜、铁合金等，见图1－17，主要的出口目的国为荷兰、加拿大、德国、比利时和中国。

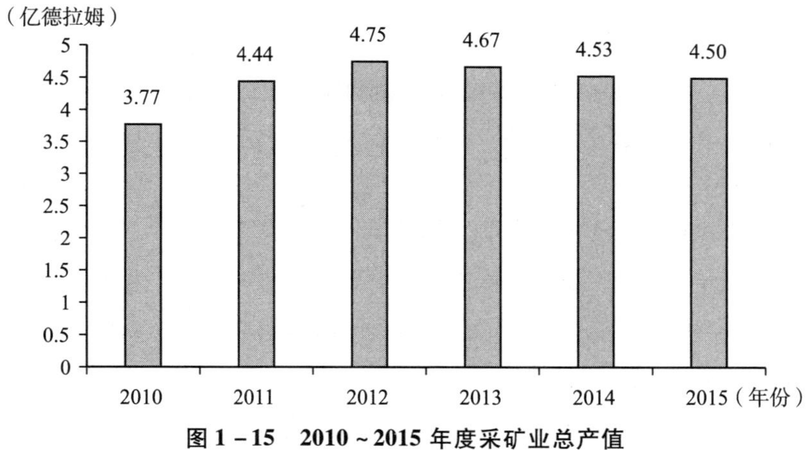

图1－15　2010～2015年度采矿业总产值

资料来源：亚美尼亚国家能源基础设施与自然资源部（http：//www. minenergy. am/en）。

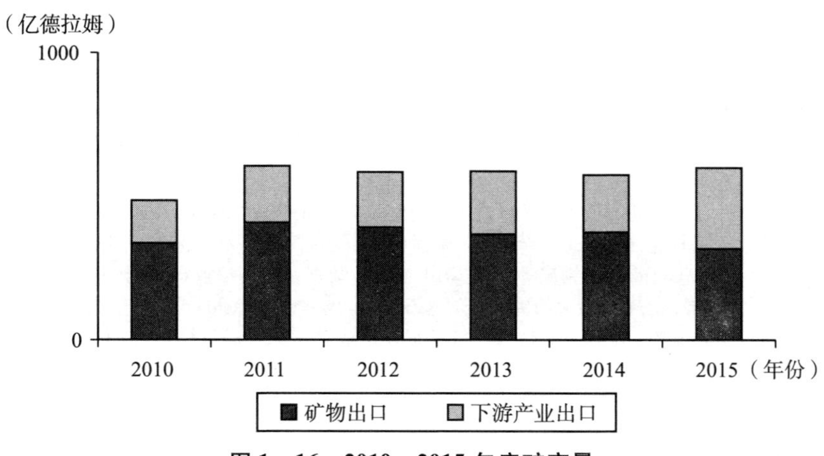

图1－16　2010～2015年度矿产量

资料来源：亚美尼亚国家能源基础设施与自然资源部（http：//www. minenergy. am/en）。

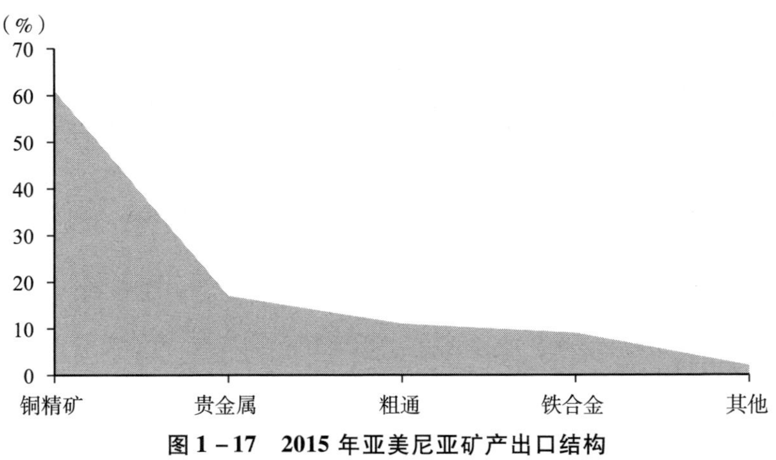

图 1－17　2015 年亚美尼亚矿产出口结构

资料来源：亚美尼亚国家能源基础设施与自然资源部（http：//www. minenergy. am/en）。

亚美尼亚金属矿藏相对丰富，见表 1－16。2015 年，全国登记注册的矿区共有 37 处，其中 13 处位于休尼克州、9 处位于洛里州、6 处位于科泰克州、6 处位于瓦约茨佐尔州、2 处位于格加尔库尼克州、1 处位于阿拉加茨州，有 25 处矿区已实现商业运营。除金属矿产外，亚美尼亚的非金属矿产也具有丰富的种类，如凝灰岩、玄武岩、珍珠岩、浮石、火山渣、沸石和花岗岩等，由于亚美尼亚矿产开发能力较弱，现有的非金属矿产大多处于待开发状态，见表 1－17。

表 1－16　　亚美尼亚金属矿产资源情况

金属矿产	主要内容
铜矿	亚美尼亚铜矿资源主要集中在南部休尼克州的卡贾朗镇（Kajaran）铜钼矿、阿加拉克（Agarak）铜钼矿、卡潘（Kapan）铜矿以及北部洛里州的阿拉韦尔迪（Alaverdi）铜钼矿等。据 2010 年统计数据，亚美尼亚已探明铜钼矿总储量为 19. 5 亿吨，最大的赞格祖尔（Zangezur）铜钼矿储量达 17. 5 亿吨，占总储量的 90. 1%。2010～2014 年，亚美尼亚铜精矿年加工产量分别为 11. 8 万吨、12. 8 万吨、15. 6 万吨、18. 4 万吨、19. 2 万吨。2015 年捷古特矿开始运营，产量上

续表

金属矿产	主要内容
铜矿	升至 31.2 万吨，同比大幅增长 64.1%。据亚美尼亚统计局数据显示，2013 年、2014 年、2015 年亚美尼亚出口铜精粉分别为 13.7 万吨、18.5 万吨、30.9 万吨，总值分别为 2.8 亿美元、2.36 亿美元、3.17 亿美元。2016 年一季度出口 3 万吨铜精粉，总值为 2447 万美元。中国已成为亚美尼亚铜精粉最大出口市场，2015 年自亚美尼亚进口 13.3 万吨，占亚美尼亚出口额的 43.9%
铁矿	亚美尼亚唯一一家较大炼钢厂位于恰伦察万（Charentsavan）地区，主要以回收的废旧钢铁为原料。据亚美尼亚统计局数据显示，2015 年，亚美尼亚生产钢管 10.3 万吨，同比增长 6.7%；钢合金 19.3 万吨，同比增长 9.2%。铁及非合金钢出口 5805 吨，总额 5673 万美元；进口 44.68 万吨，总额 1.33 亿美元。亚美尼亚铁矿原料相对缺乏，市场规模有限，与其进口产品存在激烈竞争，能源和交通费用在生产成本中占比较高，以上不利因素严重制约了亚美尼亚钢铁冶炼行业的发展，与其他国家开展相关合作可行性较小
金矿	亚美尼亚金矿及伴生金矿分布较为广泛，在格加尔库尼克等 6 个州界内均找到金矿资源。据 2010 年统计数据，已探明亚金矿总储量为 2.3 亿吨，其中金矿生成地储量合计为 2.1 亿吨；伴生金矿资源分别是多金属金矿、硫化物金矿和锑金矿，已探明总储量约为 1700 多万吨。至 2016 年底，亚美尼亚最大一家金矿矿业公司为亚美尼亚与俄罗斯合资公司，位于休尼克州，另有 3 家小型矿业企业，位于阿拉拉特地区。2015 年，未锻造和半成品及金粉（包括镀金板）出口 2824 千克，价值 9694 万美元，进口 635 千克，价值 2327 万美元。亚美尼亚经济发展和投资部相关人士表示，2015 年亚美尼亚金矿石（包括合金矿）产量仅为 4 吨左右，暂无建设新的金矿企业计划

资料来源：中华人民共和国驻亚美尼亚共和国大使馆经济商务处（http：//am. mofcom. gov. cn/）。

表 1－17　　亚美尼亚非金属矿产资源情况

非金属矿产	主要情况
凝灰岩	凝灰岩有 540 万立方米，大约 310 万立方米正在待开发中
玄武岩	玄武岩有 3.55 亿立方米，大约有 1.17 亿立方米正处于开采之中
珍珠岩	珍珠岩已探明储量约 1.5 亿立方米，大约有 1.10 万立方米正在待开采中
浮石	浮石约有 1.95 亿立方米的矿床，大约有 0.9 亿立方米的资源正在待开采中

续表

非金属矿产	主要情况
火山渣	火山渣已确定有3.5亿立方米的矿床，其中约有6000万立方米火山渣待开采中
沸石	沸石已探明5.1亿立方米，约有2.55亿立方米的矿藏正在待开采中
花岗岩	花岗岩已探明约有6500万立方米储备，待开采量为2000万立方米等

资料来源：亚美尼亚国家能源基础设施与自然资源部（http：//www.minenergy.am/en）。

（二）食品与饮料加工业

食品加工业是亚美尼亚主要的经济部门之一，也是亚美尼亚政府高度支持的行业，该行业主要有葡萄酒业、饮料加工业、乳制品、果蔬加工业、干果加工业和肉类加工业，见表1－18。由于亚美尼亚的气候优越，其农产品质量较高，品质和口味独特，并在世界各地享誉盛名。亚美尼亚食品加工业占其国内生产总值的6%，即9亿美元，过去五年的年增长率为10%，该行业投资约占该国工业投资总额的45%。同时，亚美尼亚的食品制造商在全球食品市场竞争日益激烈下，不断引进制造、包装、加工等业务新技术以提高供应效率，但由于缺乏资金，使得技术改进力度有限。该部门的优势包括当地高质量的农产品、充足的熟练工人以及相对较低的劳动力成本。从目前情况看，亚美尼亚食品加工部门具有很高的发展潜力，可以作为吸引产能合作的重点领域之一。

农产品加工业占农业26%的份额。2016年，亚美尼亚从事农产品加工业的企业约1600家，其中，果蔬产品加工企业约35家，年产量约25万吨，从业人数约1413人；从事干果和调料加工的企业约350家，干果年产量约1.5万吨，从业人数约880人；葡萄加工企业约50家，年产量约26.5万吨，从业人数约2200人；牛奶加工企业约65家，年产量约49万吨，从业人数约1720人；肉类加工企业约68家，年产量约5万吨，从业人数约2177人；面粉加工企业60家，年产量约4万吨，从业人数约1500人；面包加工企业500多家，年产量50万吨，从业人数约4300人；矿泉水、饮用水和无酒精饮料生产企业50多家，年产约30亿升，从业人数

1700 人；啤酒加工企业 7 家，年产量约 15 亿升，从业人数约 930 人。①

表 1－18　　亚美尼亚食品与饮料加工业概况

食品加工	概况	企业数量及部分代表性企业
葡萄酒和白兰地	亚美尼亚国内大约有 40 多种葡萄遍布全国，主要分布在 Ararat 山谷。由于葡萄种植和葡萄酒酿造历史悠久，因此亚美尼亚葡萄酒的质量很高。葡萄园区主要地区有：Ararat Zone；Daralaghias zone；Northeast Zone 等	28 家： MARAN LLC； TIERRAS DE ARMENIA CJSC； GOLDEN GRAPE； ARMAS LLC； ARMENIA WINE LTD
饮料加工业	亚美尼亚的饮料加工业具有很大的经济效益，70% 的产品出口至俄罗斯，其次是 5% 出口至欧盟和 4% 出口至北美地区。在该领域，拥有优质的饮料加工企业，其生产链包括加工和包装线，并按照国际食品安全标准（包括 ISO 22000、HACCP/GMP 等）进行生产。主要果汁为桃汁、杏汁、苹果汁、玫瑰果和沙棘汁，也生产少量的番茄汁等。共同投资新的品牌和生产者，可能是最有效的进入市场的方法	16 家： SIS NATURAL CJSC； TAMARA FRUIT CJSC； ARARAT FOOD FACTORY LTD
乳制品	亚美尼亚政府对乳业部门非常重视，传统的乳制品有奶酪、酸奶、酸奶油和凝乳；非传统的产品有山羊奶酪、卡门培尔奶酪、伊达姆和马苏里拉奶酪等。亚美尼亚的牛奶等产品的生产和加工在过去十年里急剧增加，该行业的运营能力只有 30% 左右，为投资者引入生产技术创造了良好的条件。奶酪生产占牛奶加工的最大份额。亚美尼亚生产 30 多种奶酪和 80 多种其他乳制品。该国大约有 170 个农场和集体农场供牛的养殖，超过 10 多家的知名奶牛养殖工厂，在亚美尼亚具有独特的地位。牛奶制造业仍有 30% ~40% 的发展空间	24 家： ASTARAK KAT CJSC； DOUSTR； MARIANNA LTD； TAMARA LTD

① 资料来源：《亚美尼亚农业发展概况》［EB/OL］，中华人民共和国驻亚美尼亚共和国大使馆经济商务处（http：//www. mofcom. gov. cn/article/i/dxfw/ae/201601/20160101232520. shtml）。

续表

食品加工	概况	企业数量及部分代表性企业
水果、蔬菜和草药加工	由于过去捐助和私人投资的支持，过去10~12年间，亚美尼亚对水果和蔬菜加工部门已投资超过2000万美元，目前，全国约有28家水果和蔬菜罐头生产区，亚美尼亚有许多适合装罐的当地种植的蔬菜和水果，这些水果和蔬菜在很多国家都有需求。2013年加工水果和蔬菜的数量分别为28300吨和59400吨。亚美尼亚农业种植几乎涵盖了所有的水果和蔬菜：青豌豆、刺柏、黑胡椒、红胡椒、胡萝卜、南瓜、鹅耳枥、黄花菜和其他野生植物；几乎所有的浆果品种以及石榴、木瓜、李子、樱桃、绿色核桃、玫瑰和桑葚等。其中最主要的加工品为番茄，占该行业的33%。该部门主要出口国家为俄罗斯（73%）、独联体国家（10%）和美国（8%）	16家： ARTFOOD； ARTASHAT； CANNERY OJSC； MAP CJSC； ALISHAN LL； EUROTHERM
干果加工	亚美尼亚种植的水果和加工的水果产品（干果、果酱和蜜饯等），因其口味和香味而著名，在农业部门生产中名列前茅，在亚美尼亚所有的地区都有该行业的加工企业，主要加工产品为猕猴桃、干果、杏子干、李子干、苹果干、葡萄干等。干果出口强劲，增长率可达20%左右，主要出口目的地为俄罗斯、美国、法国和瑞士	ARMEN MANUKYAN； S. P. ； YERVANDASHAT； AGRICULTURAL； ASSOCIATION； CONSUMERS； COOPERATIVE 等
肉类加工	在高加索地区，亚美尼亚的肉类消费量最高，人均45.5公斤/年（2012）。主要的消费型肉类为家禽、牛肉、猪肉、羊肉等。每年生产约18万吨羊肉，出口180~200头羊等；每年生产约17万~18万吨猪肉；每年生产650亿~700亿个鸡蛋和7~8吨的禽肉。 亚美尼亚在鱼类养殖业有较好的发展，2016年，该国鱼类产量达到1.3万~1.4万吨，大部分为金鳟鱼，由于其养殖和加工质量较高，俄罗斯及周边国家对鲟鱼的需求量很大，约有20%的鱼产品出口。近几年也成功养殖了非洲鲶鱼等。截至2016年，该国具有250多个养殖渔场，其中83%位于亚美尼亚首都埃里温。亚美尼亚政府有计划开拓海外的出口市场，以使该行业的价值增值	14家： BACON PRODUCT； LTD； ATENK LLC； MUSH LLC； NATFOOD CJSC； BARI SAMARATSI LLC

资料来源：亚美尼亚国家经济发展与投资部（http：//www. mineconomy. am/en/eng/23/free. html）、亚美尼亚农业部（http：//minagro. am/en/）等。

（三）烟草制品制造业

卷烟也是亚美尼亚的重要出口产品。按照国际标准，年消费量只有5.2亿支卷烟的亚美尼亚只是一个小型烟草市场，但由于集聚了大量的烟草生产商，每年的烟草产量巨大，近年来，亚美尼亚烟草行业仍保持较快发展，见图1－18。在亚美尼亚，除了本国两个卷烟制造商——国际马西斯烟草公司（International Masis Tabak）、盛大烟草公司（Grand Tobacco），所有大型跨国烟草公司都在亚美尼亚设立办事处。

图1－18　2012～2016年亚美尼亚烟草制品产量

资料来源：亚美尼亚国家统计局（http：//www. armstat. am/en/）。

亚美尼亚卷烟市场的领导者当属由瓦尔丹延集团（Mikayel Vardanyan）控股的盛大烟草公司和国际马西斯烟草公司，两者共占该国市场份额的50%多一点。前者成立于1997年，后者成立于2000年。虽属于同一控股集团，但两公司有不同的市场定位。盛大烟草公司定位于产销低价烟草产品，而国际马西斯烟草公司定位于产销高端产品。两公司共用的某些资源如技术、产品在国内和国际市场上均有销售。尽管由于受地理、政治等因素影响，产品出口面临重重困难，瓦尔丹延集团所控股的烟草公司仍将约60%的产品出口到世界上20多个国家，包括伊拉克、土库曼斯坦、格鲁吉亚、叙利亚、俄罗斯和阿联酋等[①]。

过去，亚美尼亚烟农主要在与阿塞拜疆接壤的地区生产香料烟和半香料烟，后来在该集团所控股的烟草公司的支持下开始试种烤烟。现在，两大烟草公司与约2000个农场签订了烟叶种植合同，每年生产约15万公斤填充料烟叶及少量白肋烟。发展烟叶生产使得这些烟区的烟农生活水平有了较大提高。

第三节　亚美尼亚的特色产业

一、旅游业

旅游业是亚美尼亚经济中最主要也是最有活力的产业[②]。亚美尼亚风景秀丽，多姿多彩，是外高加索地区的旅游胜地，也是世界上适宜四季旅游的国家之一。全境拥有4万多处精美的古建筑遗址。旅游业是亚美尼亚政府优先发展的产业，目前其政府正着力发展宗教旅游等多种旅游项目。国家每年拨出专款用于维修原有旅游景区，兴建新的旅游设施。亚美尼亚政府采取积极方针，对出入境旅游施行宽松政策，还大力吸引外资。该国已加入国际旅游组织，并与包括中国在内的许多国家签订了旅游合作协定。

亚美尼亚在《2017年全球旅游报告》中排名第84位（共136个国家），在旅游安全、养生、劳动力市场方面存在优势，但是在航空基础设施、港口、自然资源、文化资源方面处于劣势。2017年，旅游业带动GDP增长率为13.7%，旅游服务的出口占商业服务出口额的61.34%，2016年亚美尼亚旅游业全球最大的10个客流来源市场为欧盟、美国、俄罗斯和独联体国家、西亚国家及日本，见图1－19。来自某些新兴经济体的客源支出呈现两位数增长，包括巴西（+33%）、阿根廷（+24%）、韩国（+18%）和俄罗斯（+16%）。中国和印度也有强劲增长。可以看

① 资料来源：东方烟草网（http：//www. eastobacco. com/gjyc/201204/t20120418_161526. html）。

② 《亚美尼亚为外资提供法律及政策保障》［EB/OL］. 中国投资（http：//www. chinainvestment. com. cn/type_fmgs_post/7333. html）。

出旅游在服务出口中的战略地位。旅游业无疑已成为该国促进经济增长的五大新兴支柱性产业之一。

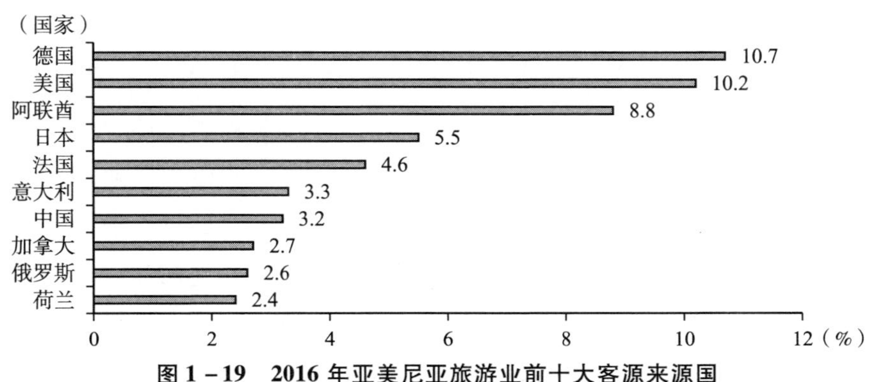

图 1－19　2016 年亚美尼亚旅游业前十大客源来源国

资料来源：亚美尼亚国家统计局（http：//www. armstat. am/en）。

目前，亚美尼亚对旅游的基础设施需求较大，尤其是住宿设施和床位，见图 1－20。在自然资源、养生产业、冒险旅游、冬季旅游、城市文化旅游方面有优势。目前亚美尼亚有 3 个国际级的自然保护区、25 个野生自然区、2 个国家公园、6 个温泉区等。

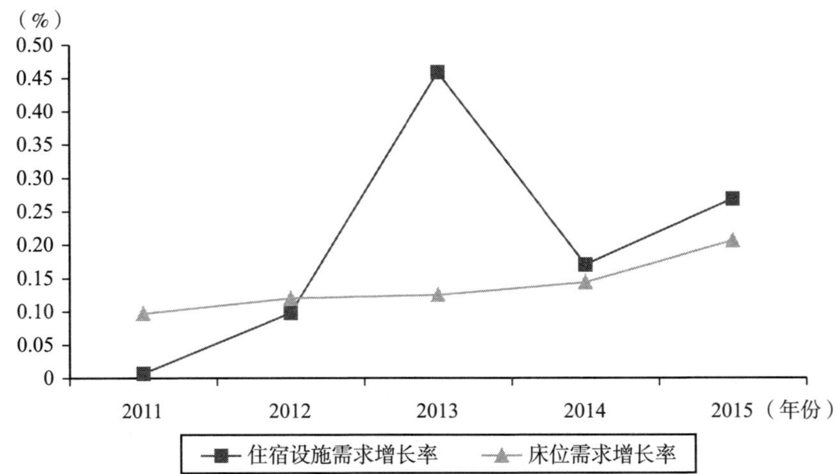

图 1－20　2011～2015 年亚美尼亚旅游基础设施需求增长率

资料来源：亚美尼亚国家统计局（http：//www. armstat. am/en/）。

亚美尼亚积极与中国开展旅游业的合作。2014 年 7 月 15 日，亚美尼亚经济部与中国国家旅游局签署了促进中方游客组团赴亚旅行的谅解备忘录。两国还于 2015 年 3 月 25 日签署了旅游业的双边合作协议。此外，自 2016 年 11 月起，亚美尼亚对中国公民实行电子签证和落地签证政策①。

二、酿酒业

亚美尼亚具有古老而悠久的葡萄酒酿制工艺。2007 年，亚美尼亚考古学家和美国科学家在亚美尼亚瓦约茨佐尔州的阿列尼村发现了距今约 6100 年、世界上最早最完整的葡萄酒酿造厂。与白兰地相比，亚美尼亚葡萄酒在世界上的知名度小得多，无论是产量还是出口额都无法与白兰地相比。亚美尼亚的白兰地平均出口价格（13.5 美元/升）低于全球平均价格，但其品质的全球认可度较高，该行业有着世界著名品牌 Ararat Brand。2014 年，亚美尼亚在全球十大烈酒出口国（地区）中排名第 6 位，见图 1－21。

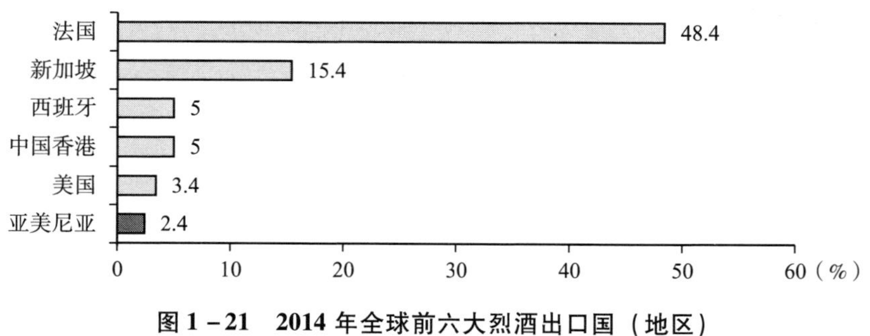

图 1－21　2014 年全球前六大烈酒出口国（地区）

资料来源：根据联合国贸发会议数据库（https：//comtrade. un. org/）整理而得。

由于亚美尼亚跨越北纬 40 度线，全年光照时间超过 300 天，良好的气候条件造就了亚美尼亚优质的酿酒资源。目前，亚美尼亚境内种植的葡萄除少部分用于零售和出口外，80% 的葡萄用于酿制白兰地和葡萄酒，其

① 资料来源：《亚美尼亚为外资提供法律及政策保障》，中国投资（http：//www. chinainvestment. com. cn/type_fmgs_post/7333. html）。

中 92% 用于生产白兰地，8% 用于生产葡萄酒。

亚美尼亚知名的葡萄酒品牌包括阿列尼（Areni）、卡乐士（Karas）、卡莱斯（Karasi）等。Areni 酒厂于 1994 年建成，年产 25 万瓶葡萄酒，半数以上出口至俄罗斯。Areni 是亚美尼亚一个葡萄品种，高海拔、土壤结构以及昼夜剧烈温差造就了黑阿列尼（Areni Noir）葡萄的独特风味。亚美尼亚葡萄酒曾在世界上具有权威的葡萄酒大赛——德国国际葡萄酒大赛上收获 10 金、13 银共 23 枚奖牌。2015 年，亚美尼亚国内有 35 家企业从事白兰地和葡萄酒的生产，从业人员达 1500 多人，由专门的酿酒联盟管理该行业。在技术人员培养方面，亚美尼亚建有专门的技术培养体系，如“私人教育计划”的 EVN 葡萄酒学院，并为合格人员颁发“发酵技术与应用”酿酒和“果汁生产”技师证书。

根据亚美尼亚国家统计局报告，亚美尼亚是全球第六大白兰地出口国，也是独联体地区最大的白兰地酒出口国。亚美尼亚的白兰地出口年均增长率为 15%，2015 年，俄罗斯是其最大的客户国，出口量占 77% 左右，其次是美国和中国，见图 1－22。在过去的几年中，白俄罗斯、格鲁吉亚和哈萨克斯坦的白兰地出口大幅增加，同时亚美尼亚也正在拓宽欧洲的葡萄酒市场。

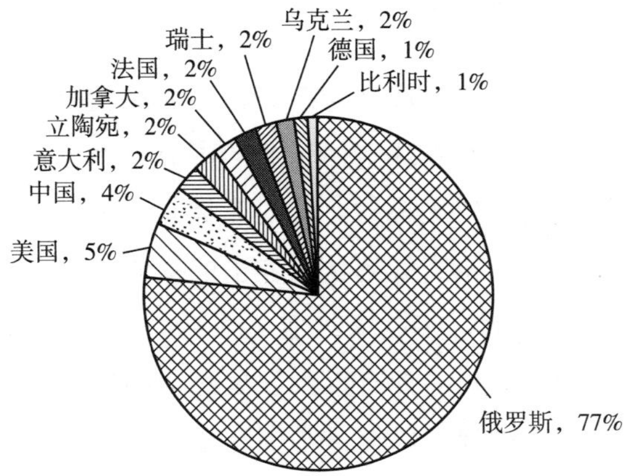

图 1－22　2015 年亚美尼亚前十大白兰地出口国

资料来源：亚美尼亚农业部（http：//minagro. am/en/）。

亚美尼亚的酿酒业为出口导向型，在其出口的酒类产品中，主要有白兰地、烈酒、葡萄酒和果酒，见图 1－23。在 2013 年的酒类出口中，白兰地的出口量排名第 1 名，其后依次是烈酒、葡萄酒和果酒。2016 年，亚美尼亚白兰地产量达 2160 万升，大幅增长 27%；葡萄酒产量为 680 万升，增长 14.8%。2017 年前 10 个月，白兰地产量达 2480 万升，同比大幅增长 51.1%；葡萄酒产量为 680 万升，增长 37.7%。① 在白兰地和葡萄酒行业中，法国是亚美尼亚的主要投资者，其次是美国和阿根廷。

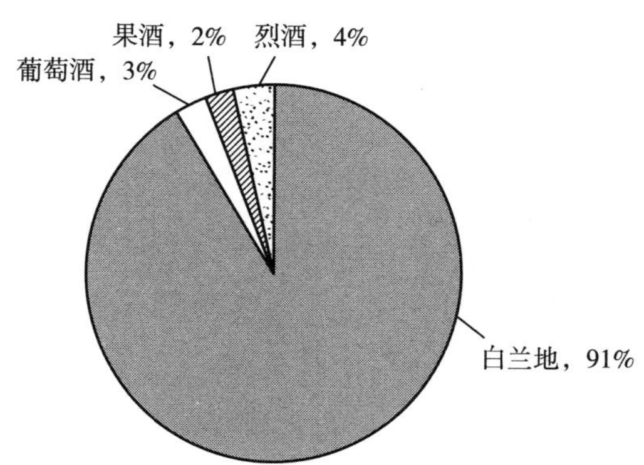

图 1－23　2013 年亚美尼亚酒类出口占比

资料来源：亚美尼亚农业部（http：//minagro. am/en/）。

三、珠宝和钻石加工业

亚美尼亚经济部一位负责贸易与市场管理的局长表示，亚美尼亚能够成为外高加索地区天然钻石和珠宝加工业的中心是因为亚美尼亚与邻国相比，具有在这一领域的比较优势，亚美尼亚拥有一批高素质的从事钻石和珠宝琢磨加工业的专家和相当低的钻石加工的损耗率。亚美尼亚钻石加工的损耗率为 2%～3%，而许多国家的加工损耗率要高出 10 倍。珠宝加工业是推动亚美尼亚经济增长的拥有巨大发展潜力的产业。亚美尼亚政府采取了一系列降低税收的措施，以促进本国珠宝业的发展。政府希望通过这

① 资料来源：《2017 年前 10 个月亚美尼亚白兰地产量大幅增长 51.1%》［EB/OL］，中华人民共和国驻亚美尼亚共和国大使馆经济商务处（http：//www. mofcom. gov. cn/article/i/jyjl/e/201712/20171202680111. shtml）。

些举措来吸引投资，刺激该行业的发展。

根据亚美尼亚国家统计局数据显示，2015 年亚美尼亚珠宝业产值为 181 亿德拉姆，同比增长 61%。2015 年，亚美尼亚钻石产量为 81346 克拉；2014 年为 59712 克拉，同比增长 36.2%。2016 年珠宝业产值增长 98%，珠宝品出口增加 102%，钻石出口增加 115%，成为独联体国家中第二大钻石与珠宝出口国家，其前五大出口目的国主要有比利时、俄罗斯、泰国、加拿大和美国，见图 1－24。亚美尼亚“Meridian”自由经济区是珠宝和钻石加工的聚集区，行业组织为“亚美尼亚珠宝协会”，2016 年 10 月，世界珠宝联合会在亚美尼亚首都埃里温举办年会。

亚美尼亚目前拥有 20 多家中型珠宝公司，10000 多名熟练技术劳动工人从事钻石切割和珠宝制作，数千名个体工匠。亚美尼亚的侨民给该行业带来了投资资金和加工技术。该行业的著名企业——埃里温珠宝加工厂计划向亚洲市场扩张，其出口额有望翻一番。该厂目前产量的 90% ~ 95% 用于出口，剩下部分在亚美尼亚国内市场销售。主要出口至俄罗斯、欧洲和美国，但是遭遇了一定难度。部分原因是欧洲的市场过度饱和，很难再打入新的品牌。亚洲市场容量巨大，虽然中国以出口著称，但其国内市场还有很大空间。

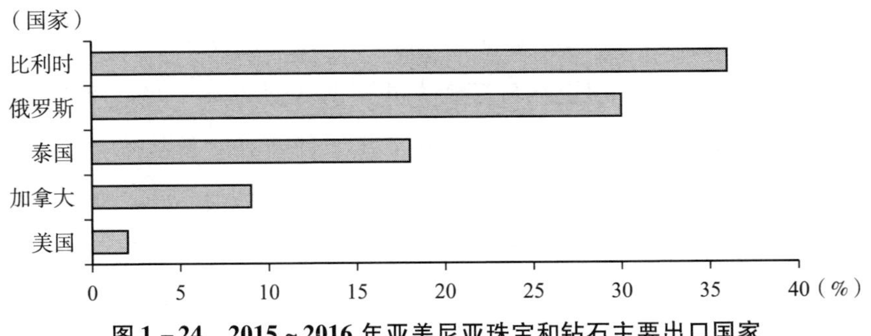

图 1－24　2015 ~ 2016 年亚美尼亚珠宝和钻石主要出口国家

资料来源：根据联合国贸发会议数据库（https：//comtrade. un. org/）整理而得。

第四节　亚美尼亚的前景产业

一、制药业

近年来，亚美尼亚制药业突飞猛进，前景普遍看好，已被政府列为重要经济产业。根据亚美尼亚国家统计局数据显示，2008～2011 年制药业产量年均增长 7.1%，2012 年和 2013 年更是分别达到 30.3% 和 29.9% 的增长，2013 年产值为 52.8 亿德拉姆。与此同时，药品出口量也持续增长。亚美尼亚总理季格兰·萨尔基相在 2013～2014 年国家竞争力报告中指出，制药业出色的成就令政府受到鼓舞。近几年，亚美尼亚药品出口贸易提速，主要原因是私人投资增加、新市场的开发、实施了新标准和启用了一批懂经营的管理人才①。

二、信息技术产业

在知识经济战略的引导下，亚美尼亚在信息技术、科技创新等相关领域发展迅猛，成为产能建设的地区主导者。信息技术产业的进步吸引了诸如新思科技、美国国家仪器、微软、IBM、甲骨文及友讯科技等诸多国际知名企业。同时本土公司也在日渐壮大并逐渐转型为研究型企业或高端工程解决方案供应商。在亚美尼亚，IBM 成立了创新方案及技术中心，微软成立了创新中心，亚美尼亚还与印度共同创办了卓越中心。这些机构的设立都展现出信息技术产业的巨大发展潜力。本土公司在国际舞台上不断取得的成就也印证了这一点。据《福布斯》杂志报道，拥有图片处理应用 PicsArt 的亚美尼亚公司已被估值到 2.5 亿美元②。

---

① 资料来源：《亚美尼亚制药业发展现况和目标》，中华人民共和国商务部（http：//www.mofcom.gov.cn/article/i/dxfw/ae/201507/20150701046801.shtml）。

② 资料来源：《亚美尼亚为外资提供法律及政策保障》，中国投资（http：//www.chinainvestment.com.cn/type_fmgs_post/7333.html）。

2016 年，亚美尼亚有超过 100 家新的信息技术公司成立，反映出该领域优越的营商环境。

三、精密仪器制造业

在亚美尼亚 2012 ~2017 年发展规划中，亚美尼亚政府明确鼓励优先发展的行业和领域中包括精密仪器制造产业①。2012 年，亚美尼亚总理季格兰·萨尔基相曾表示，亚美尼亚在精密仪器制造方面已经取得部分成绩，包括高新技术的创新型设备的生产出口。2012 年经济部副部长季格兰·哈鲁丘尼扬表示，亚美尼亚经济部将在《2020 年出口导向工业政策》统一战略框架内制定 11 个行业领域相应发展战略。战略实施前期，亚美尼亚政府初步选定三个优先发展行业，精密仪器是其中之一。

2016 年，亚美尼亚国内商品生产商联盟主席萨法良称，亚美尼亚可以占有俄罗斯机械工程和仪表制造市场的部分份额。俄罗斯经济不容乐观，亚美尼亚应主动与俄罗斯探讨机械工程、仪器制造、航空和船舶制造等领域合作，以取代之前乌克兰在俄罗斯所占的市场份额。俄罗斯对亚美尼亚高新技术发展水平给予高度评价。

精密仪器制造业著名企业——埃里温精密仪器科研院股份公司 2011 年向俄罗斯出口的特种玻璃同比增长了 4 倍，总价值达到 100 万美元。该公司所有产品均出口俄罗斯。近年来，埃里温精密仪器科研院股份公司不断开发出新一代玻璃、陶制和其他零部件产品，这也是其重点产品。

---

① 资料来源：《亚美尼亚投资行业规定》，中华人民共和国驻亚美尼亚共和国大使馆经济商务处（http：//am. mofcom. gov. cn/article/ddfg/tzzhch/201507/20150701042220. shtml）。

第二章

中国与亚美尼亚的双边合作

中国与亚美尼亚在政治、贸易、投资等多领域开展着多层次、多形式的良性互动。中国与亚美尼亚双边政治关系友好，高层互访频繁。2016年6月，中共中央政治局常委、国务院副总理张高丽访问亚美尼亚，两国在文化、教育、旅游等领域签署多项合作文件，中国和亚美尼亚友好合作不断深入发展。两国间友好的政治关系为推动中国与亚美尼亚经贸及投资合作奠定了良好的基础，近年来，中国与亚美尼亚双边经贸合作发展顺利，合作水平不断提高，中国稳居亚美尼亚第二大贸易伙伴地位。亚美尼亚实施自由的对外贸易管理政策：进口商品只实行0和10%两种税率，其中对生产资料的进口实行零税率政策，对消费类商品实行10%税率政策；出口商品一律不征税，无任何许可证要求限制。中国在亚美尼亚投资及参与工程承包的项目包括公路与电站改造建设、矿产资源勘探开发、通信设备供应、生物医药开发等，但中国对亚美尼亚的投资规模相对较小，中国在亚美尼亚的工程承包项目数量较少。

第一节　中国与亚美尼亚的双边政治关系

亚美尼亚同中国的友谊源远流长，早在几千年前，闻名遐迩的古代“丝绸之路”就将两国联系在一起。1991年，亚美尼亚宣布独立之后，中国是最早承认其独立并与其建交的国家之一，1992年4月6日，两国建立大使级外交关系并互派外交代表。自两国建交以来，中国与亚美尼亚政治互信不断深化，亚美尼亚一直将中国视为其“外交优先方向”之一，历届政府始终奉行对华友好政策，逢建交纪念日，两国领导人均会互致贺电贺信，对方国家发生重大事件时，均会表示关切。亚美尼亚在重要问题方面能够支持中国的原则和立场，各派政治力量均积极主张加强同中国的友好合作。现阶段，两国政治互动的主要形式是政党领导人会晤、高层代表团访问等。近年来，中国与亚美尼亚双边关系更是不断深化，两国高层接洽频繁，合作成果颇多，见表 2－1。

表 2－1　2012～2017 年中国与亚美尼亚双边交流情况及其成果

时间	事件	参与人	主要成果
2012 年 6 月	最高人民检察院检察长曹建明、最高人民法院副院长江必新分别访亚美尼亚	曹建明、江必新	就加强两国间法院系统的合作与经验交流达成共识
2012 年 10 月	国务委员孟建柱会见来华出席多边活动的亚美尼亚国家安全会议秘书巴格达萨良	孟建柱、巴格达萨良	—
2014 年 3 月	中国人民银行行长周小川在北京会见了亚美尼亚共和国中央银行行长阿·贾瓦德扬	周小川、阿·贾瓦德扬	签署《中国人民银行与亚美尼亚共和国中央银行合作协议》
2015 年 3 月	亚美尼亚共和国总统谢尔日·萨尔基相对中华人民共和国进行国事访问	谢尔日·萨尔基相	发布《中华人民共和国和亚美尼亚共和国关于进一步发展和深化友好合作关系的联合声明》
2015 年 6 月	全国人大常委会副委员长陈昌智对亚美尼亚进行友好访问	陈昌智	双方一致同意加强两国立法机关交往，进一步推动双边关系发展
2015 年 9 月	亚美尼亚总理阿布拉米扬来华出席 2015 欧亚经济论坛并与国务委员王勇进行会见	阿布拉米扬、王勇	在深化政治互信和务实合作、丰富两国友好合作关系内涵方面达成共识
2016 年 5 月	习近平主席特使、中共中央政治局委员、中央政法委书记孟建柱出访亚美尼亚	孟建柱	在安全执法领域探讨深化合作

续表

时间	事件	参与人	主要成果
2016年6月	中共中央政治局常委、国务院副总理张高丽访亚美尼亚	张高丽	双方在文化、教育、旅游等领域签署多项合作文件
2016年6月	中国和亚美尼亚代表在亚美尼亚首都埃里温签署2017~2020年中亚两国文化合作协议	中国和亚美尼亚代表	《2017－2020年中亚两国文化合作协议》
2016年10月	亚美尼亚公众院院长马努基扬访华	马努基扬	—
2017年6月	全国人大常委会副委员长张平同亚美尼亚议长巴布洛扬在首尔举行的第二届欧亚地区议长会议期间举行会见	张平、巴布洛扬	—
2017年12月	中联部部长助理沈蓓莉会见来华参加中国共产党与世界政党高层对话会的亚美尼亚共和党副主席拉拉扬	沈蓓莉、拉拉扬	沈蓓莉与拉拉扬代表两党签署了《中国共产党与亚美尼亚共和党合作备忘录（2017－2020年）》

资料来源：根据相关新闻报道整理而得。

建交以来，中国与亚美尼亚两国部长级以上互动共计70余次，包括国家元首、政府首脑、政党领袖、外交部部长、国防部部长、检察长以及央行行长之间的会见和代表团访问，会谈和磋商的问题主要涉及鼓励和保护投资、科学技术合作、文化教育旅游合作、政府贷款、民航运输合作、银行间合作等。迄今为止，在两国各个级别的互访中，中国已经与亚美尼亚签订了30多个涉及双边各个领域的文件，其中一系列协定为发展相互经济关系奠定了可靠的法律基础。①

近年来，中国“一带一路”倡议为两国深化务实合作提供了新的动力，为双边友好关系健康发展奠定了坚实基础。中国与亚美尼亚两国高层愈加频繁的交流，有力地推动了各领域的合作交流，两国各界人士一致认为，两国的双边关系正在进一步发展，合作前景更加广阔，对于地区的和

① 马晓华：《近年中国和亚美尼亚两国的双边关系》，载《中外企业家》2015年第2期。

平与稳定有着重要促进作用。但是总体上来看，中国与亚美尼亚两国的政治互动水平处于中等水平，仍有提升的潜力。两国应以更积极的态度加强交流，以不同形式定期对热点问题互换意见，探讨推动两国发展战略实施的根本方法。

总体上，中国与亚美尼亚关系正处在新的历史起点，面临前所未有的发展机遇。双方要继续开展高层交往，推动各方面沟通交流，深化政治互信，加强相互支持。携手推动丝绸之路经济带建设，加强两国发展战略对接，寻找合作的利益契合点，重点筛选和培育具有战略性、全局性的合作项目，中国应从政策、资金等方面对亚美尼亚加以扶持，进一步提升务实合作水平。

第二节　中国与亚美尼亚的双边贸易关系

一、双边贸易规模

自 1992 年建交以来，中国与亚美尼亚在政治、经贸、科技、文教等领域合作取得骄人的业绩，经贸合作作为双边关系重要组成部分也取得了突破性进展。自 2009 年起，中国便成为亚美尼亚第二大贸易伙伴，目前也是亚美尼亚第二大出口市场和第二大进口来源国。据中国驻亚美尼亚使馆经济商务参赞处统计，2017 年，中国与亚美尼亚双边贸易额为 435 百万美元，同比增长 12%。其中，中国对亚美尼亚出口 141 百万美元，同比增长 25%，中国自亚美尼亚进口 294 百万美元，同比增长 7%，见图 2 - 1。2017 年，中国对亚美尼亚的贸易呈现逆差，逆差额为 152 百万美元。

具体来看，2008 ~ 2017 年，中国与亚美尼亚双边贸易总额呈现稳步增长的态势。2008 ~ 2017 年，中国与亚美尼亚双边贸易总额由 800 百万美元增长到 435 百万美元。其中 2009 ~ 2010 年两国贸易总额实现快速增长，2010 年达到 164 百万美元，年平均增长率为 42. 8%。2012 年出现小幅下降，双边贸易总额由 169 百万美元下降至 149 百万美元。2013 年至今，中国与亚美尼亚贸易总额持续快速增长。

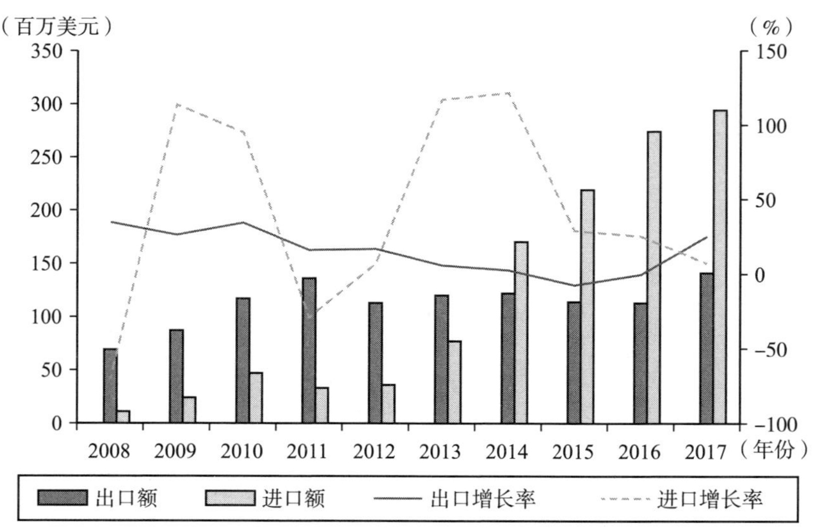

图 2－1　2008～2017 年中国与亚美尼亚贸易统计

资料来源：中华人民共和国驻亚美尼亚共和国大使馆经济商务处："中国与亚美尼亚双边贸易"（http：//am. mofcom. gov. cn/article/zxhz/hzjj/201609/20160901398865. shtml）。

从出口额看，2008～2017 年中国对亚美尼亚出口额呈现缓慢增长的态势。2008～2017 年中国对亚美尼亚出口额由 69 百万美元增长到 141 百万美元。与双边贸易总额变化相同，在经历 2009 年、2010 年的快速增长后，中国对亚美尼亚的出口额于 2012 年出现了小幅下降，出口额下降是导致双边贸易总额下降的主要原因。2015 年、2016 年中国对亚美尼亚的出口也出现小幅下降，由 122 百万美元降至 113 百万美元。

从进口额看，2008～2017 年中国对亚美尼亚进口额呈现波动增长的趋势。虽然 2008～2012 年中国对亚美尼亚的进口额波动幅度较大，但进口规模非常小，普遍低于 35 百万美元。2013～2017 年，中国对亚美尼亚的进口规模大幅度增长，由 77 百万美元增长至 294 百万美元，2013～2014 年年均增长率达到 119.3%。2014 年中国对亚美尼亚的进口额首次超过出口额，中国与亚美尼亚开始呈现贸易逆差状态，并一直维持至今。

总体来看，尽管近年来中国与亚美尼亚双边经贸发展速度很快，但是贸易总额相对较小，经济合作规模有限，这必然导致两国在贸易领域的共同利益较少。同时，贸易合作的水平在一定程度上影响着其他领域的合作，文化、体育、教育等领域的交流都需要有足够的资金作为保障。实际上，亚美尼亚是外高加索三国中与中国进出口贸易额最小的国家。中国与亚美尼亚进一步扩大双边贸易面临的挑战主要有以下两点。

第一，贸易成本高昂。亚美尼亚是内陆国家，邻国外交关系有限。国内公路路况较差，国际贸易运输线路不便，运输费用高，造成进口的商品和材料加工商品成本较高。交通问题极大制约了中国和亚美尼亚的贸易发展，也是亚美尼亚与外部世界联系的严重障碍。

第二，市场需求有限。由于人口基数等原因，亚美尼亚国内市场小，对进口商品的需求不足。大宗商品经营企业相互了解，进口商品主要针对国内所需。这既是导致贸易逆差的重要原因，也是影响双边贸易扩大的重要因素。

二、双边贸易结构

从贸易结构上来看，2017 年中国自亚美尼亚进口产品的集中度非常高，主要以矿砂为主，而出口产品种类则相对分散。2017 年，中国自亚美尼亚进口产品为 2.94 亿美元，其中矿砂占比为 98.43%，金额为 2.89 亿美元。同年，中国对亚美尼亚出口 1.42 亿美元，向亚美尼亚出口的前 5 位产品分别是电机、核反应堆、非针织或非钩编的服装及衣着附件、鞋靴、针织或钩编的服装，占中国对亚美尼亚出口总额的比重分别为 27.91%、20.31%、6.58%、6.47% 和 6.03%，上述五大类商品的出口额依次是 3963 万美元、2883 万美元、934 万美元、918 万美元和 856 万美元，占中国对亚美尼亚出口总额的 67.4%，见图 2－2。

从中国与亚美尼亚贸易产品结构可以看出，亚美尼亚出口至中国的产品结构单一。细究原因，一方面，由于亚美尼亚的矿产资源丰富，出口需求很大，并且近年来亚美尼亚对矿产业也给予了相当大的调整政策，亚美尼亚加大采矿业的开采，目标达到每年 5 亿美元。另一方面，中国对金属、矿产品和燃料的需求量不断增加，一部分原材料需要从外国进口，致

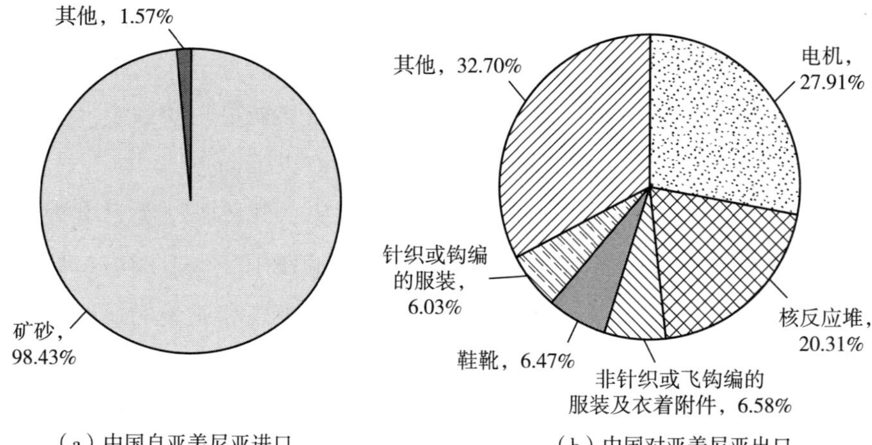

（a）中国自亚美尼亚进口　　（b）中国对亚美尼亚出口

图 2-2　2017 年中国与亚美尼亚主要贸易品金额占比

资料来源：中国海关统计数据（http：//www. customs. gov. cn/）。

使每年的进出口贸易不断攀升。这充分体现了中国与亚美尼亚两国在资源贸易方面具有一定的互补性。此外，两国贸易主要集中在能源、原材料和劳动密集型产品领域，在资本密集型和技术密集型领域的合作有待进一步深化。

三、亚美尼亚扩大贸易的优惠政策

为推动国家贸易发展，亚美尼亚采用了大量优惠政策与措施，其中关税政策是重要的一部分。与周边国家相比，亚美尼亚关税政策相对优惠，亚美尼亚对所有出口商品免征关税，实行出口零关税制（但部分出口商品价格须接受海关监督管理）。对于进口商品，2000 年 8 月，亚美尼亚议会审议通过的《亚美尼亚共和国海关法典》规定，征收的关税税率为 0 和 10%。近几年来在进口关税及有关规定方面进行了一些调整修订，如税则号更趋细化，更加方便了实际操作。调整关税税率遵循的总原则是，消费性商品进口关税为 10%，其他一律为零关税。亚美尼亚进口环节增值税、消费税等有关管理的规定见表 2-2。

表 2－2　亚美尼亚进口关税相关管理规定

项目	具体管理规定
免征关税	重要的关系国计民生的国家预算计划内商品及根据国家政府间协议入境商品免征关税
进口环节增值税	属于零关税税率的商品免征增值税，列入征收 10% 进口关税税率的商品在进口时征收 20% 的增值税
进口环节消费税	对应征消费税的进口商品课税税基为进口商品的海关价值（不含增值税和关税），按规定，消费税必须在商品运抵至亚美尼亚境内 10 天内上缴海关

从相关关税管理规定中可以看出，亚美尼亚关税偏低。在《亚美尼亚海关法典》列明的 261 类（种）商品中，94 类（种）进口关税为 10%，其余 167 类（种）都是零关税。进口环节增值税 20%，与其他国家相比，处于中等水平。亚美尼亚征收进口消费税的商品为三类：酒与酒精、香烟、油气（石油、煤油、天然气），基本上是从量计税，税率适中。亚美尼亚资源匮乏，生产资料及日常生活用品很多依赖进口。中国企业可以把握契机，进一步扩大双边贸易往来。

此外，亚美尼亚的海关法日臻完善，亚美尼亚实行的是自由对外贸易经营管理政策，2003 年 2 月加入世贸组织后，亚美尼亚有关法律法规基本与世贸要求接轨，透明度比较高，法律法规的制定与实施过程也比较规范。这为进一步扩大中国与亚美尼亚双边贸易提供了良好的法律环境。

第三节　中国与亚美尼亚的双边投资关系

一、双边投资情况

中国与亚美尼亚的经贸合作近年来不断加强，但中国与亚美尼亚两国间的双边投资规模较小，其中，亚美尼亚在中国的直接投资几乎没有。而截至2015年年末，中国对亚美尼亚直接投资存量为751万美元，占亚美尼亚吸收外资存量的比重较小。① 虽然目前双方经济合作尚未形成规模，但在此前进行的输变电站改造、火电厂机组建设等项目均获得亚美尼亚政府和业主的好评，树立了良好形象。亚美尼亚在境内设立经济特区以来，越来越多的中国企业已经入驻亚美尼亚特区境内。目前，中国在亚美尼亚注册的公司多达24家。其中在亚美尼亚投资的中资企业共有6家，涉及的领域包括通信、电力、矿产和医药等，但受国际市场价格变动影响，2015年中国富地石油公司不得不暂时关闭了亚美尼亚办公室，中国企业在亚美尼亚的具体投资情况见表2－3。

表2－3　　中国企业在亚美尼亚的投资情况

公司名称	涉及领域	具体项目或措施	社会评价
中兴通讯公司	通信领域	2005年，中兴通讯公司ARMENTEL建立了良好的业务合作关系；2006年，中兴通讯公司提出CDMA450无线接入和微波中继传输综合网络解决方案	该方案无须电缆传输，解决了电缆铺设困难、消耗大的难题；相对于其他无线接入技术，CDMA450覆盖范围广、建网成本低、技术成熟，众多优点使它成为亚美尼亚电信解决该国无线通信覆盖和接入的最佳选择
华为公司	通信领域	2010年，在亚美尼亚设立代表处；开始与亚美尼亚VivaCell－MTS电信公司之间的合作；华为在亚美尼亚的合作伙伴MobliOS在2014年30日宣布将在亚美尼亚首都埃里温开设首家华为专卖店	华为公司凭借其优质的产品，为亚美尼亚国民带去经济实惠的高品质智能手机和平板电脑，且MobliOS授权服务中心的开设为企业客户和政府机构提供系统的解决方案，填补亚美尼亚国内市场通信设备领域的空缺

① 资料来源：《亚美尼亚重视“一带一路”倡议　正在考虑加强民航合作》［EB/OL］，中国一带一路网（https：//www. yidaiyilu. gov. cn/xwzx/hwxw/24037. htm）。

续表

公司名称	涉及领域	具体项目或措施	社会评价
富地石油公司	矿产资源	在亚美尼亚投资5亿美元进行铁矿石的勘矿和开采；公司分两个阶段在亚美尼亚实施投资，将要进行勘探开采的三个矿区分别位于拉兹丹市、阿巴望市和斯瓦浪茨市；初步估计，铁矿石储量在拉兹丹约为7700万吨，阿巴望约为2.55亿吨，斯瓦浪茨约为15亿吨；预计将于2014年正式进行开采作业，年开采量将达到150万~200万吨；铁矿石将通过格鲁吉亚、土耳其或伊朗港口运往中国；此外，富地石油公司以2400万美元购买了亚美尼亚BOUNTY RESOURCESARMENIA公司35%的股权，该公司间接拥有三大铁矿的开采权	2015年8月，由于精铁粉国际市场价格持续低迷等原因，富地公司暂时关闭了驻亚美尼亚办公室
中国水电建设集团国际工程有限公司	基础设施	2016年5月，在“一带一路”倡议的大背景下，中国水电建设集团国际工程有限公司成功中标承建亚美尼亚南北公路	被誉为“交通大动脉”的项目开启了两国在基础设施领域合作的新篇章
西安西电国际工程公司	基础设施	2016年，西电国际工程承包了亚美尼亚Vanadzor-1及Ashnak变电站改造项目	亚美尼亚高压电网公司总经理阿图尔·巴赫达萨杨先生对西电的工程总包能力、产品技术及生产制造能力等予以了充分肯定
方恩医药发展有限公司亚美尼亚分公司	医药领域	2016年9月，方恩医药发展有限公司亚美尼亚分公司兼并印度iMEDGlobal公司	方恩医药此举为医疗器械企业提供全方位、一站式的整体临床和法规解决方案，对亚美尼亚生物制药与医疗器械的临床研究起到了重要的推动作用

资料来源：根据境外投资企业（机构）备案结果公开名录和相关新闻报道整理而得。

二、亚美尼亚吸引外资的优惠条件

尽管目前中国在亚美尼亚投资的规模十分有限，但是整体上来说，亚美尼亚的经济发展潜力巨大，中国与亚美尼亚的合作基础广泛。亚美尼亚政府把握发展机遇的方向非常精准，全力支持投资者。在处理每个项目时，亚美尼亚政府都会坚持“以投资者需求为本”的特殊原则，提供必要的配套支持及优惠政策方案。中国企业在亚美尼亚投资可以享受一系列的优惠政策，详见表 2－4。

表 2－4　　　　中国企业在亚美尼亚投资享受的优惠

不同投资情况	具体优惠政策
属于政府规划的合资项目	需进口的货物和设备可享受 3 年免收增值税，同时政府对创造了一定就业岗位的经营主体给予所得税优惠
农产品经营商	免征所得税
边境的经济活动	免税政策
入驻自由经济区的公司	除增值税、所得税、房产税

资料来源：根据相关新闻报道整理而得。

除了以上具体措施外，为进一步招商引资，亚美尼亚政府将可行的项目上传到公开的网站中，为国内外投资人了解项目搭建网络平台，有意向的投资者可以通过商业活动、产业分类及地理位置检索项目，获取诸如总价、投资金额、区域环境、项目描述、市场规划等必要的信息。此外，亚美尼亚还设立了亚美尼亚开发基金会，是推广投资、出口及旅游的权威机构。基金会提供一站式深度服务，使境外投资人了解亚美尼亚营商环境、投资机遇及相关法律法规；组织实地探访并提供地面支持；对项目后续管理提供支持；协助项目实施、市场引入及与政府部门的联络工作；基金会还对在亚洲的投资人提供一系列后续服务。

因为亚美尼亚地理位置特殊，与周边接壤国家关系复杂，中国企业在亚美尼亚投资时，其文化、政治等因素也会影响投资的效果。中国企业需要深入了解当地法律法规，否则有可能给投资合作带来风险。但是目前来看亚美尼亚投资环境较为宽松。根据世界银行发布的《2016 年全球营商环境报告》，在 190 个国家中，亚美尼亚位列第 38 位。且亚美尼亚拟通过一系列措施，力争将排名提升至 26 位，包括推出建筑许可证电子办理系统、简化市政服务程序、改善保护破产企业的环境、简化司法等国家机构与企业信息交流程序等措施。随着未来“一带一路”倡议的继续推进，中国与亚美尼亚两国不断深化合作，中国在亚美尼亚的投资规模和范围都将迈上新的台阶。

第四节 中国在亚美尼亚的工程承包状况

一、工程承包业务规模

近年来，中国在亚美尼亚的工程承包业务规模波动较大，见图2-3。据中国商务部统计，2016年中国在亚美尼亚新签承包工程合同5份，新签合同额为4.82亿美元，完成营业额1750万美元。中国在亚美尼亚承包工程新签大项目的增势强劲，中国水电建设集团国际公司于2015年、2016年分别承建的北南公路兰吉科—久姆里段、塔林—兰吉科段合同价值均超亿元。中国在亚美尼亚开展的工程承包项目多数为世行、亚行等国际金融机构或亚美尼亚政府贷款项目。

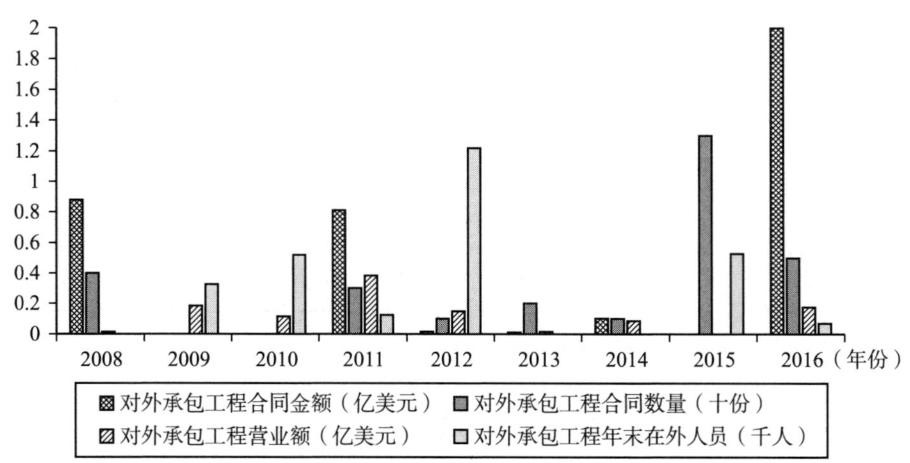

图2-3 2008~2016年中国对亚美尼亚承包工程与劳务合作统计

注：2009年与2010年对外承包工程合同数量，2009年、2010年和2015年对外承包工程合同金额，2015年对外承包工程营业额，2008年、2013年和2014年对外承包工程年末在外人员以及对外劳务合作年末在外人员数据缺失。

资料来源：中国商务部（http：//www.mofcom.gov.cn/）。

2016年，中国与亚美尼亚新签大型工程承包项目有：中国水电建设集团国际工程有限公司承建北南公路塔林—兰吉科段建设项目、辽宁易发式电气设备有限公司承建亚希努哈伊尔市和阿格拉克市2号变电站改造项目、中国西电承建亚美尼亚塔林市和瓦纳佐尔市变电站改造项目、中电工程承建亚美尼亚巴族姆地区和中部的塞万湖北岸风电项目。除新签项目外，还有一批建设中的大型项目，如亚美尼亚M1塔林至久姆里公路（兰吉科—久姆里段）等，见表2－5。

表2－5　　2016年中国与亚美尼亚合作建设重大项目

项目名称	项目类型	详细情况
北南公路塔林—兰吉科段	基础设施	中国水电建设集团国际公司承办的M1塔林至久姆里（兰吉科—久姆里段）公路全长27.47千米，道路建成后为双向四车道混凝土高速公路；北南公路纵贯亚美尼亚全境，全线建成后将显著提高亚美尼亚交通运输效率，对国家长远发展具有战略意义
希努哈伊尔市和阿格拉克市变电站改造	基础设施—能源开发	辽宁易发式公司承建休尼克州亚希努哈伊尔市和阿格拉克市两个220/110千伏变电站改造项目
塔林市和瓦纳佐尔市变电站改造	基础设施—能源开发	该项目为亚美尼亚世界银行贷款“亚美尼亚电力供电可靠性电网升级改造”EPC（工程总承包）电网改造项目，中国西电集团中标塔林市和瓦纳佐尔市变电站改造项目，合同总金额约1500万美元
亚美尼亚巴族姆地区和中部的塞万湖北岸风电项目	基础设施—能源开发	该项目包含前期开发咨询和工程建设两部分；项目总装机容量为20万千瓦，包含两座装机容量为10万千瓦的风场，项目建成后将成为该国首个大型商业运营的风电项目

资料来源：根据相关新闻报道整理所得。

二、工程承包涉及的主要领域

中国在亚美尼亚的工程承包领域主要集中在基础设施建设方面，具体项目主要涉及交通、信息通信和能源等领域。2016年中国与亚美尼亚新签的5个承包项目全部属于基础设施建设方面的合作。

在交通领域，中国与亚美尼亚的工程合作主要表现为大型国有企业承包亚美尼亚公路、铁路等工程项目，如北南公路项目，这是亚美尼亚基础设施领域最重要的项目之一。在能源领域，亚美尼亚由于地理位置的特殊性，除了电力以外，可开发利用的其他资源如石油、天然气、煤炭等比较缺乏，因此，从苏联时期开始就一直把能源发展的重点放在电力建设上。作为亚美尼亚的支柱产业，电力建设项目中国企业参与较多。在信息通信领域，中国中兴通讯公司和华为科技公司先后参与了亚美尼亚的通信项目。具体领域的典型项目见表2－6。

表2－6　　中国在亚美尼亚工程承包合作涉及领域及典型项目

涉及领域	典型项目
交通	中国水电建设集团国际公司于2015年和2016年分别承包了塔林—兰吉科、兰吉科—久姆里段建设项目
信息通信	2006年，中兴通讯凭借其在CDMA领域的强大技术实力和大规模的全球应用，利用端到端的CDMA450 WLL（Wireless Local Loop）网络解决方案，独家中标，成为亚美尼亚电信解决无线通信覆盖和接入的唯一选择； 2010年，华为科技公司在亚美尼亚设立代表处，开始了与亚美尼亚Viva-Cell－MTS电信公司之间的合作； 2011年，亚美尼亚副总理阿尔蒙·格沃尔基扬参观了中国华为技术有限公司总部，确立一系列合作意向，在亚美尼亚成立科技创新中心，与埃里温市政府共同研究实施合作项目等
能源	2008年，黑龙江火电第一工程公司中标亚美尼亚110kV变电站改造项目，黑龙江省火电第三工程公司与亚俄天然气工业公司在亚美尼亚首都埃里温签署亚美尼亚拉兹丹电厂5号机组改造承包工程项目合同

资料来源：根据相关新闻报道整理而得。

三、工程承包合作面临的机遇与挑战

（一）工程承包合作面临的机遇

总体来看，中国每年在亚美尼亚新增的承包项目数量较少，项目价值偏低。实际上，中国与亚美尼亚有多项合作空白待填补。

在交通领域里，亚美尼亚在航空业上有很大的发展空间。由于亚美尼亚没有出海口，与土耳其、阿塞拜疆存在政治纠纷，陆路不通，与外部沟通交流的最好运输方式是航空。目前，除了其首都国际机场运作正常外，其他几个机场都比较落后。中国企业可以利用自身优势参与亚美尼亚航空业建设，寻找到商机。

在通信领域，亚美尼亚的通信市场主要有由希腊电信公司（OTE）控股的亚美尼亚电信公司（ARMENTEL）和黎巴嫩卡拉巴赫电信公司（K－TELECOM）在亚美尼亚的VIVACELL手机营运商。固定电话主要由亚美尼亚电信公司垄断经营。手机用户市场分别由ARMENTEL和VIVACELL两家公司所垄断，分别占47.3%和52.7%。当前，亚美尼亚通信市场亟须打破垄断。同时，亚美尼亚农村的通信设施覆盖率低，设备老化，亟须更新换代。因此，中国通信企业可以依靠自身的资金和技术优势探索在通信领域的工程合作。

在能源领域，水电和风电是亚美尼亚当前电力建设的优先发展方向，但亚美尼亚一直在考虑利用本国丰富的太阳能资源把太阳能转化为电能的技术，并在扩建可再生能源容量。中国企业可以抓住亚美尼亚太阳能电站公开招标的机遇，参与亚美尼亚太阳能光伏产业合作。

在农业领域，为克服自然条件限制，亚美尼亚在农业领域主要依靠发展土地集约型和节水型农业，然而，亚美尼亚的灌溉基础设施薄弱，且大多建设于苏联时期，现代化的大型灌溉基础设施为数不多，此外，亚美尼亚的仓储、加工等农业设施也亟须扩建和技术改造，中国工程企业可把握亚美尼亚大力支持农业基础设施建设的机遇，积极争取承揽亚美尼亚农业基础设施领域的工程建设业务。

（二）工程承包合作面临的挑战

国际工程承包有着独特的行业特征，包括建设周期长、合同管理难度大、参与主体多元化、项目不可转移、具有政治色彩、存在技术标准差异、长期室外或野外作业等。总体来说，中国企业在亚美尼亚开展工程承包面临的挑战主要有政策法规约束、汇率风险以及自然和社会人文环境变动等。

国家政策和法律是企业必须遵循的。政策法规对市场的稳定和发展起到主导和调节作用。在境外工程中，承包商同时受到本国和项目所在国双边的政策和法律的制约。对于在亚美尼亚承包工程的中国企业来说，法律规定的风险较难避免，亚美尼亚一般根据项目性质、模式、贷款渠道、标书等，执行不同的工程质量标准及验收、免责等规定。除执行亚美尼亚本地的强制性要求外，还包括欧洲、美国等一些国际标准。中国标准在亚美尼亚仅适用于中国的援外项目工程，或根据业主及双方合同要求确定中国外援项目的实施标准。因此，中国企业在亚美尼亚进行工程承包时要注意充分研究和熟悉亚美尼亚的法律法规，审慎行事。

经济风险源于经济环境和市场环境的变化，如汇率和利率的变化、物价上涨等。汇率风险对工程的影响在近两年反映的尤为突出，过去人民币兑美元的汇率长期维持在一个稳定的水平，美元一直是对外承包工程支付货币的首选。但是近年来，随着人民币升值步伐的加快，汇率变动已经成为承包工程项目亏损的重要原因。此外，利率变动的风险主要是贷款利率上浮使项目贷款成本增加，给企业的经营活动带来一定的压力。

自然环境和社会人文环境的影响也是中国企业在外承包工程需要注意的因素之一，项目施工必然要受到项目所在地的自然环境和社会人文环境的影响，自然环境包括气候、地形、地质、水文等要素，中国企业在亚美尼亚承包相应工程时一定要注意结合施工项目当地的具体情况，慎重把握好施工日期等，避免造成损失。社会人文环境包括当地社会服务条件、基础设施情况、人文民风等。当地的行政机构的办事程序和办事效率会直接影响项目的进度，我国企业在亚美尼亚承包工程时要注意结合当地风土人情，在避免造成冲突的情况下保证项目进度。

第五节　中国与亚美尼亚在其他领域的合作

一、中国与亚美尼亚的服务业合作

目前来看，中国与亚美尼亚双边关系不断取得新进展，收获新成就，两国双边交往范围不断拓展，其中，两国在金融、旅游、人文、科教领域的交流构成了双边服务业合作的主要内容。随着两国政府合作交流的加深，双方已在服务业领域签订了若干政府间协议，从而为两个具有古老文明的国家在服务业领域的交流与学习奠定了深厚基础，见表2－7。

表2－7　　中国和亚美尼亚政府在服务业领域签订的主要协议

协议名称	具体内容	潜在好处	社会评价
《中国和亚美尼亚签署新文化合作协议》	双方将继续强化丝绸之路经济带框架下的文化合作，互办两国文化日活动，加强双方在诸如博物馆、剧场、影院等文化设施以及传统音乐、舞蹈等文化形式的保护工作，共同保护两国文化遗产	文化合作是中亚两国友好合作关系的重要组成部分，包括“中国文化日”在内的一系列活动拉近了两国人民的心理距离，使两国关系发展有了更深厚的民意基础	这一文化合作协议是继双方共同签署关于中亚两国2012～2016年文化合作项目协议之后的又一新的合作协议，从2016年6月9日开始，埃里温每年举行为期6天的中国文化日活动，内容包括中国传统歌曲、舞蹈以及刺绣等一系列文化交流活动
《亚中两国政府文化、教育、体育、旅游合作协定》	根据平等互利的原则，鼓励和支持两国有关机构和组织在文化、教育、社会科学、卫生、体育、出版、新闻、广播、电视、电影和旅游等方面的交流和合作	为加强两国的友好关系和促进两国在文化领域的交流	能够大力宣传和推广中国优秀的文化艺术成就，借鉴亚美尼亚传统文化
《中华人民共和国政府和亚美尼亚共和国政府民用航空运输协定》	就建立和经营两国领土之间及其以远地区的航班，所达成的协议	为了便利两国人民之间的友好往来，发展两国民用航空方面的相互关系	该协议签署之后，两国民用航空局就航班经营方面所涉及的运费、税率、双边互惠、技术服务、过境管理等各方面达成协议，为发展两国间民用航空事业提供了可执行的范本

资料来源：根据相关新闻报道整理而得。

在金融业方面，2015年3月26日，中国人民银行与亚美尼亚中央银行签署了规模为10亿元人民币/770亿德拉姆的双边本币互换协议，旨在便利双边贸易和投资，该互换协议有效期3年，经双方同意可以展期[①]。目前，受双边经贸业务规模较小的限制，我国商业银行在亚美尼亚的分支机构和业务量仍然较少。

在旅游业方面，自 2016 年 11 月 10 日起，亚美尼亚政府对持普通护照的中国公民实行落地签证和电子签证政策，随着赴亚美尼亚旅游签证的简化，中国赴亚美尼亚的旅游人数快速增长。但是，中国与亚美尼亚之间尚未签署国家间的旅游合作协议，目前可见的只有中国个别省区与亚美尼亚官方签署的旅游合作文件，如 2018 年 6 月 5 日，中国江苏省旅游局与亚美尼亚国家旅游委签署合作协议，共同推动江苏与亚美尼亚旅游产业的国际化发展。

在文化交流方面，以孔子学院为载体的文化交流受到亚美尼亚的普遍欢迎，年轻一代学习中文、了解中国文化的热情很高。可以说，双边文化交流对于发扬和传播两国古老文明起到了重要推动作用。

二、中国对亚美尼亚的人道主义援助

中国多年来一直为亚美尼亚经济、社会发展提供人道主义援助，主要表现为物资援助，领域涉及交通、农业、医疗、教育、军事等，见表 2－8。根据亚美尼亚国家收入委员会和国家统计局数据显示，2012 年，中国对亚美尼亚人道主义援助排名世界第 2 位。中国对亚美尼亚的长期国际援助坚持平等互利的原则，不附带任何政治条件，既体现了中国作为世界上最大发展中国家的大国责任与大国担当，也表达了中国希望与亚美尼亚进行长期友好合作的愿景。

表 2－8　　　中国对亚美尼亚国际援助具体领域及典型事实

援助方式	援助领域	典型事实
物资援助	交通	2003 年，中国向亚美尼亚提供 13 辆奥迪 A6 轿车援助； 2011 年，中国向亚美尼亚提供 250 辆公交车援助
	农业	2004 年，中国向亚美尼亚提供 51 台拖拉机及部分农机具援助

① 资料来源：中国网（http：//finance. china. com. cn/roll/20150326/3023288. shtml）。

续表

援助方式	援助领域	典型事实
物资援助	医疗	2011 年，中国向亚美尼亚提供 88 辆救护车援助； 2018 年，中国向亚美尼亚提供 200 辆急救车援助
	教育	2016 年，中国援建亚美尼亚中文学校
	军事	2017 年，中国向亚美尼亚提供通信器材、车辆和制服等 1000 万元军事援助
技术援助	科技	2013 年，中国向亚美尼亚提供车载集装箱检测装置援助
	传媒	2015 年，中国向亚美尼亚提供公共电视台技术改造援助

资料来源：中华人民共和国驻亚美尼亚共和国经济商务处（http：//am. mofcom. gov. cn/）。

第三章

亚美尼亚的经济发展战略与规划

亚洲发展银行发布的《中国—南高加索双边贸易：为何重要》认为，产能合作的基础是双方规划以及对产品的各取所需。本章将以亚美尼亚的三份政府报告为主要着手点，分析亚美尼亚长期发展规划演变过程，并结合美国与亚美尼亚战略合作规划及世界银行、亚洲发展银行等亚美尼亚合作机构报告，确定亚美尼亚近期与未来重点发展领域。其中以亚美尼亚政府报告以及两份国际银行报告为主要分析报告。

亚美尼亚政府的三份报告分别是《亚美尼亚发展规划 2008 - 2012》《亚美尼亚发展规划 2014 - 2017》以及《亚美尼亚发展规划 2017 - 2022》，根据这三份报告与国家、机构的合作报告，我们可以归纳出亚美尼亚长期发展规划中扶持行业或领域的演变过程。图 3 - 1 显示了亚美尼亚发展规划的基本演变过程，从中可以看出未来亚美尼亚主要扶持的产业与领域包括农业、基础设施、能源、矿产、生物技术及制药以及旅游业。

第一节　亚美尼亚宏观经济战略与政策规划

一、亚美尼亚发展规划及其演变

亚美尼亚政府制订的长期规划覆盖了 2008 ~ 2022 年的时间段，规划内容主要集中于以下三个方面，分别是：减少贫困、促进人民发展与人力

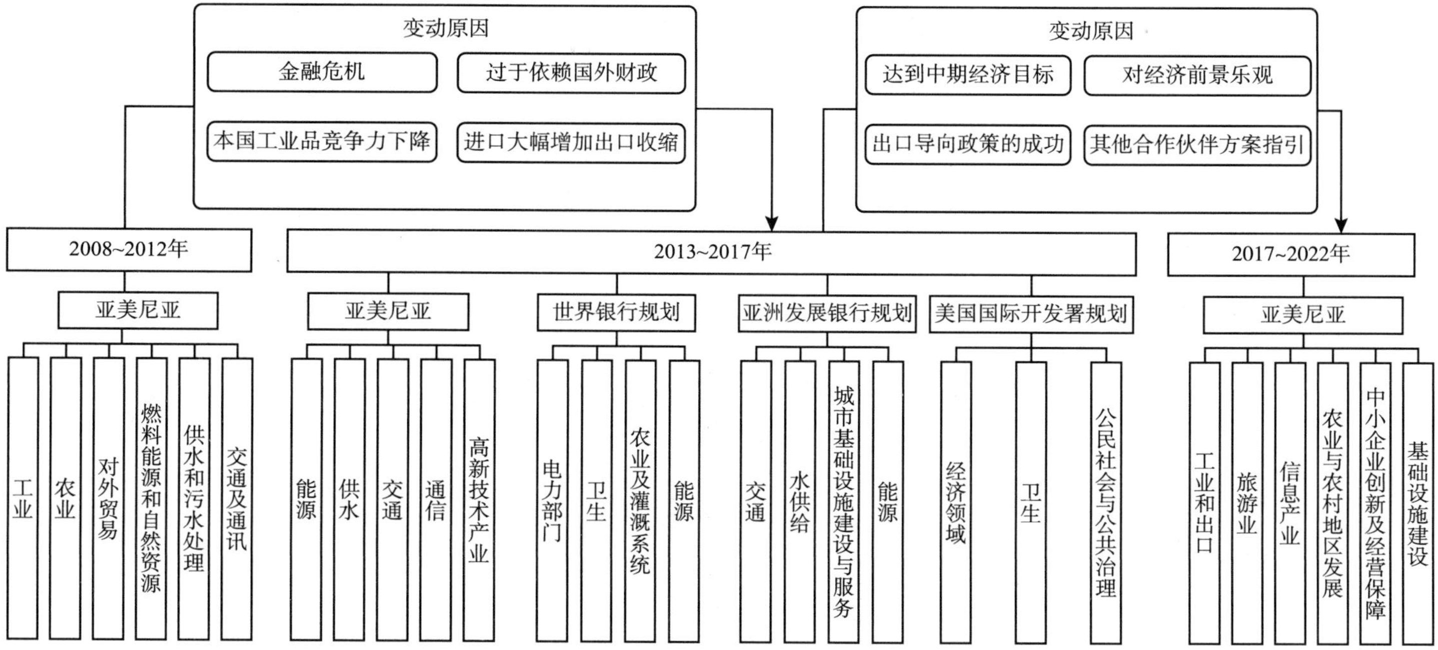

2008~2012年
- 亚美尼亚：工业；农业；对外贸易；燃料能源和自然资源；供水和污水处理；交通及通讯

变动原因：金融危机；过于依赖国外财政；本国工业品竞争力下降；进口大幅增加出口收缩

2013~2017年
- 亚美尼亚：能源；供水；交通；通信；高新技术产业
- 世界银行规划：电力部门；卫生；农业及灌溉系统；能源
- 亚洲发展银行规划：交通；水供给；城市基础设施建设与服务；能源
- 美国国际开发署规划：经济领域；卫生；公民社会与公共治理

变动原因：达到中期经济目标；对经济前景乐观；出口导向政策的成功；其他合作伙伴方案指引

2017~2022年
- 亚美尼亚：工业和出口；旅游业；信息产业；农业与农村地区发展；中小企业创新及经营保障；基础设施建设

图 3-1 2008~2022年亚美尼亚相关规划情况梳理

资料来源：《亚美尼亚发展规划2008–2012》《亚美尼亚发展规划2014–2017》以及《亚美尼亚发展规划2017–2022》（http：//www.gov.am/en）。

资本积累以及消除区域发展失衡与促进欠发展地区的经济增长，详见表3－1。

表3－1　亚美尼亚可持续发展规划的三个主要目标

序号	主要目标
1	减少贫困，确保其不会对经济发展产生影响；总体上消除极端贫困，使其不再成为严重的社会问题
2	消除人力资本匮乏，确保及促进亚美尼亚人民的发展，使本国人民尽早从中等人力资本发展水平向高等水平迈进
3	缓解地区发展失衡，通过推动及补充相关的地区发展政策，促进欠发展区域的经济增长

资料来源：亚美尼亚政府官方网站（http：//www. gov. am/en）。

为了使目标顺利达成，亚美尼亚长期发展规划拟采取三个主要方针作为指导，它们分别是：（1）经济政策必须确保在可持续发展的情况下促进经济增长；（2）社会与收入的政策必须对脆弱的人民群体（包括贫困群体）起到积极作用；（3）实现政府管理体系的现代化，包括提高国家治理的效率，并确保政府资源利用能力的提高。

（一）亚美尼亚2008～2012年发展长期规划目标及重点领域

在2003～2008年的金融危机前期，亚美尼亚经济呈两位数增长，进口大幅上升。这一阶段，亚美尼亚重点发展行业及领域为：工业、农业、对外贸易、能源与市政工程。该时期经济增长的主要引擎是建筑部门与服务部门，两个部门对GDP的贡献率由2003年的50. 1%上升至2008年的59. 3%，而同期农业与工业的加总占比从44%下降至29. 6%。[①] 然而该时期亚美尼亚严重依靠外部财政的经济增长模式的弊端也很突出：本土工业产品竞争力的下降、非农就业增长率停滞以及相对与绝对出口量减少，使

① 资料来源：《亚美尼亚经济基本形势》［EB/OL］. 中国驻亚美尼亚使馆经济商务处（http：//am. mofcom. gov. cn/aarticle/ddgk/zwjingji/200707/20070704923363. html）。

得亚美尼亚无法维持国内需求的长期增长，国民经济的抗风险能力较弱。金融危机爆发后，亚美尼亚的经济增长率迅速下降至2.2%，可以看到，亚美尼亚该阶段的规划已经严重不适用于当时经济发展的需要，且暴露出经济可持续发展能力的严重不足，促使亚美尼亚必须修改发展规划以适应国家长期发展的要求。图3-2概述了亚美尼亚2008~2012年发展规划的主要涵盖领域。

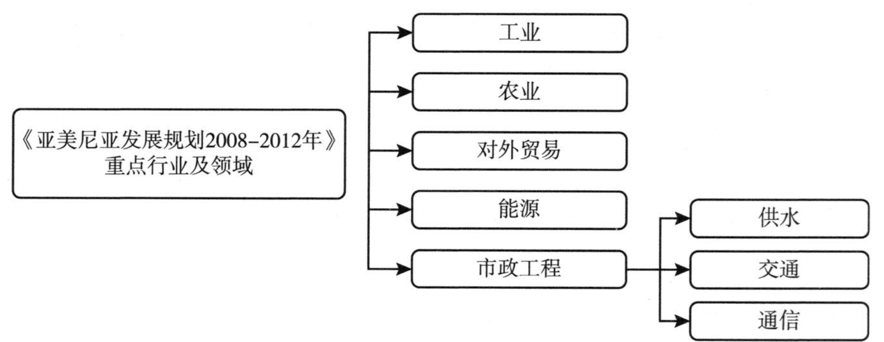

图3-2 《亚美尼亚发展规划（2008-2012年）》重点支持行业及领域

资料来源：亚美尼亚政府网站（http：//www. gov. am/en）。

除上述领域之外，亚美尼亚2008~2012年发展规划中还强调了城市发展、社会医疗、教育及科技、文化等方面的规划。值得注意的是，在危机爆发之前，亚美尼亚的经济增长路径依赖于外国的财政支持，包括外国直接投资以及官方或私人的转移，这些财政支持的额度在2003~2008年间逐年上涨。但其不利影响不仅包括本地工业产品竞争力的下降、市场份额的丢失，也包括债务高筑及借贷成本的不断走高，成为国民经济增长的一大负担。由于《亚美尼亚发展规划（2008-2012）》是在2008年10月30日正式通过的，这就意味着它在制定之初以及公布之时均未考虑全球金融危机对其国家发展规划的影响。因此，尽管亚美尼亚在此期间取得了双位数的经济增长率，金融危机对国民经济以及《亚美尼亚发展规划（2008-2012）》的实施还是产生了非常重大的负面影响。此外，由于对外财政依赖程度较高、本地工业产品竞争力不强、国家出口疲软等重大问题，亚美尼亚危机期间经济表现大幅下降（见表3－2），政府长期规划出现较严重的不适应性。

表3－2　亚美尼亚2008～2012年长期规划面临的困境及其影响

问题	结果
（1）未考虑金融危机的影响； （2）外债、借贷成本较高，以致依靠对外融资的增长模式不能持续	（1）进口急剧上升； （2）本地工业缺少竞争力； （3）非农就业率无增长； （4）出口的相对量与绝对量减少； （5）内需无法长期维持，经济增长不可持续； （6）基础建设放缓，整体就业无增长； （7）2011～2013年平均增长率仅为5.1%，而这个数字在2003～2008年为12%

资料来源：亚美尼亚政府网站（http：//www.gov.am/en）。

（二）亚美尼亚2013～2017年长期规划目标及重点领域

鉴于上述发展模式出现的缺漏，亚美尼亚意识到依靠外国财务支持无法在长时间内维持国内需求的增长，因此，亚美尼亚计划将经济增长模式逐步转变为扩大产品与服务出口的模式，以稳步减少对外国财政以及对建筑业的依赖。

与此同时，金融危机的爆发带来新的全球挑战，这成为亚美尼亚修改国家长期发展规划以适应后危机时代的必要现实要求。值得一提的是，此阶段亚美尼亚的国家发展规划得到了更多国际方面的支持，它们包括但不仅限于美国国际开发署（USAID）、世界银行、亚洲发展银行。

亚美尼亚在该阶段主要的优先发展领域与《亚美尼亚2017－2022年发展规划》一致，即促进就业、发展人力资本、改进社会保障制度、实现公共管理和治理体制的现代化，具体包括：（1）保证GDP年均增长率达到发达国家5%～7%的水平；（2）出口增长大于进口；（3）将名义工资至少提高两倍；（4）出生率达到1.8%；（5）提高退休金至125%～135%；（6）减少8%～10%的贫困群体；（7）创造10万个新的就业岗位；（8）提高税收收入至GDP的0.3%～0.4%。

该阶段亚美尼亚主要优先发展五个行业，包括能源、供水、交通、通信与高新技术产业，比起2008年发布的规划更为明确与集中，具体情况见表3－3。

表3－3　亚美尼亚2013～2017年鼓励优先发展的行业和领域

行业	领域
能源	提高能源安全水平、发展替代能源、提高电站使用效率、完成亚—伊和亚—格跨境输变电项目、新核电站建设
供水	提高饮用水品质、实现全天供水、农村供水、建设新水库
交通	建设“北—南”公路、亚—伊跨境铁路亚美尼亚段规划、改善农村道路、公共交通现代化改造
通信	网络普及率达到60%、实施数字电视和广播技术、按照国际标准提供通信和邮政服务
高新技术产业	电子工业、精密仪器、制药和生物技术、信息技术、替代能源、电信产业

资料来源：中国商务部：《对外投资合作国别（地区）指南亚美尼亚（2016年版）》（http：//fec. mofcom. gov. cn/article/gbdqzn/）。

但这一阶段亚美尼亚的经济表现整体上没有达到预期目标，经济增长持续走低。其一，铜矿及钼在内的主要出口产品价格的下跌使得亚美尼亚的出口受到极大的冲击。其二，发达国家为了应对金融危机，大多存在去杠杆行为，国外资本由发展中国家流向发达国家。虽然亚美尼亚正在逐步摆脱对外部融资的依赖，但短期内其经济发展仍需要外部资金的支持。其三，2014年中期，俄罗斯受到欧美国家的经济制裁，而亚美尼亚的经济十分依靠俄罗斯经济的发展，许多出口商品的主要目的国也是俄罗斯，如60%的加工食品出口国是俄罗斯，这也给该时期亚美尼亚的经济发展带来了不利冲击。多方面的因素使得亚美尼亚的长期规划并没有顺利进行，经济增长前景不如预测的乐观。

（三）亚美尼亚2017～2022年中长期规划细分领域分析

亚美尼亚政府在金融危机的经历中认识到，经济可持续发展的先决条件是以出口为导向部门的发展。基于2013年和其他现有方案对宏观经济发展的指引，在 2014 ~2017 年宏观经济预测指标与其他目标指数已经接近预期的情况下，亚美尼亚在 2017 ~2022 年新规划中绘制的蓝图与之前的长期规划蓝图存在明显不同。主要不同点在于，新的宏观经济框架比较乐观，这是亚美尼亚基于主要宏观经济指标与目标而制定的。因此，亚美尼亚政府认为，政府需要努力构建更完善的国家治理系统以推进新的规划，这意味着其将把更多的精力投放在消除贫困和缩小收入差距中。亚美尼亚政府在报告中指出，消除贫困以及收入再分配的主要推动力依旧是长期经济的可持续增长，而增加就业岗位则需要创造符合现代国际竞争要求的产品，培训具有特长的劳动者或专家，或提高劳动收入，并扩大关键领域的政府预算。

亚美尼亚政府认识到，每个领域的独特性将决定其政策的特殊性，所以政策制定应该因行业而异。考虑到创造就业的中长期潜力以及确保投入的高质量经济增长，该阶段的方案优先支持的部门及受政策直接作用的领域见图 3 –3。

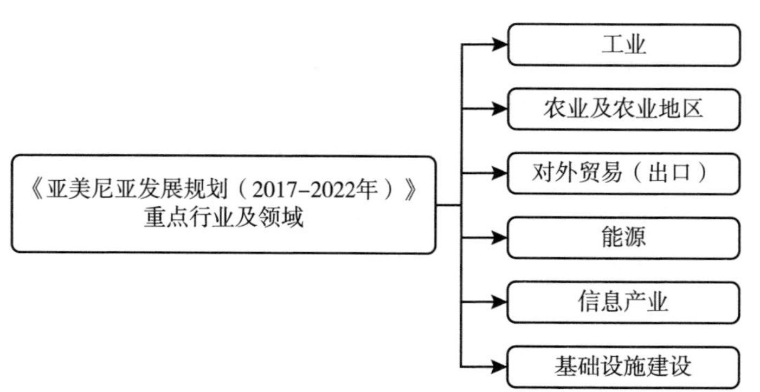

图 3 –3 《亚美尼亚发展规划（2017 –2022 年)》重点支持行业及领域

资料来源：亚美尼亚政府网站（http：//www. gov. am/en）。

对于上述部门或领域，亚美尼亚政府将支持政策写入商业环境、投资环境提升以及竞争力提升相关的政策框架之中，以此作为直接且主要的就业创造工具，并以 PPP 为工具补充，尤其是通过私人部门直接投资的方式，完善部门及分支机构的发展政策。亚美尼亚还在《亚美尼亚发展规划

（2017－2022年）》中强调，对这些部门的政策制定将同时致力于创造适宜创新和以知识经济为本的基本环境。

为了解亚美尼亚在未来几年针对各部门的发展规划，本书对亚美尼亚2017～2022年中长期规划进行梳理和分析。

1. 亚美尼亚工业发展规划。

亚美尼亚认为，现阶段工业产业目标应该直接着眼于加工制造业及其产业群的发展。具体到产业政策上，亚美尼亚认为，应依托人力资本积累，并结合产业政策以实现生产更多高附加值以及知识密集型的产品与服务的目标，逐渐从资源密集型发展状态过渡到依靠生产力及技能为主的发展轨道上。因此，亚美尼亚将对如下加工行业的子行业开展初期政策的支持，包括：钻石切割、金制品、钟表、轻工业、白兰地和葡萄酒生产、制药和生物技术、罐头食品生产、矿泉水和果汁生产、精密工程与有色金属矿物加工。

2. 亚美尼亚农业发展规划。

农业在亚美尼亚粮食安全中扮演着极其重要的地位，主要食品的自给自足率约为60%，农业部门对国民经济的贡献也至关重要。亚美尼亚农村地区的发展与亚美尼亚地区的均衡发展联系十分紧密，约有94.6%的社会团体生活在农村地区，而农业发展对农村地区生产力的提高及非农业就业的创造至关重要。因此，农业发展在亚美尼亚的长期规划中占据着非常关键的地位。据亚美尼亚官方数据显示，2012年，亚美尼亚农业增加值占GDP的19.1%，如果算上农业加工，这个比例将上升至26%。同年，亚美尼亚农业生产总值达1.9亿美元，其中，种植业占60%，畜牧业占40%。然而，当前亚美尼亚农业面临许多亟须解决的问题。例如，天然养殖场的不合理使用；缺乏农产品的市场营销技能；约95%超过使用年限的农用机械仍在服役，产生了低效率及低生产率问题，并导致了高额的维修费用。

亚美尼亚视工业化为现代农业发展的关键，提出了增强农业工业化程度、遵从农业技术需求、应用现代农业科技以及管理系统等目标。亚美尼亚针对农产品营销能力薄弱的问题还给出了具体的解决方法，见表3－4，并对解决农业生产力低下以及提供技术服务支持不足等问题给出了未来的应对策略，见表3－5；对于农业资源潜能的使用，亚美尼亚政府特别强调了温室的作用，并对有关温室建设主要所需的进口设备以及建筑材料给予税收优惠，同时提供优惠贷款给参与该领域建设的农民。灌溉系统也是当前亚美尼亚需要解决的问题，该系统的稳定与发展关系着农业发展水平的提高，未来亚美尼亚计划从水泵系统向重力水供应系统转变，并补充诸如滴注灌溉等更新更先进的灌溉技术，以实现节约用水的目的。

表3－4　亚美尼亚农产品营销问题处理方法

序号	处理方法
1	规范农产品批发市场的发展，规划场地并推广农产品营销信息中心的活动
2	在大城市建立农产品交易市场，并确保它们的有效运行
3	在农产品加工者与生产者之间建立长期与互惠的合作关系
4	促进农产品出口

资料来源：亚美尼亚政府网站（http：//www. gov. am/en）。

表3－5　亚美尼亚解决农产品生产与技术服务问题的策略

序号	处理方法
1	持续与跨国企业协商农业机械的生产与供应，以便在可负担租赁机制下获取农业业务支持，尤其是申请租赁预付款以及利息补贴机制方面
2	建立国际农业机械生产公司的当地代表处以及代理机构，以便解决维护以及组装农业机械的问题
3	推进农村地区联合使用农业机械的结构创新

资料来源：亚美尼亚政府网站（http：//www. gov. am/en）。

对于农业部门的效率问题，亚美尼亚政府给予了高度重视，除了上述相关的软件政策之外，还强调了相关的硬件支持。亚美尼亚确认未来将持续关注与加大对公路建设的投资，尤其是连接边境村庄与区域中心的公路；同时，为了以相对较低的成本提供基本电力供应，亚美尼亚鼓励在多山地区以及边境村庄有效地利用太阳、土地、地下、水能源替代品等，并为这些地区提供政策及设备支持，包括购买满足多山环境需求的农业机械，促进亚美尼亚相关设备维护及组装能力的发展。此外，建立小型环境友好型的农场，以更好地提高农产品加工、包装、冷藏盒仓储，并翻新国内小型的服务中心。

通过上述政策与措施，亚美尼亚期望能提高农业生产力以及保持稳定的就业率，预期在2021年实现农业生产力超过2012年水平的两倍。亚美尼亚政府相信，相关部门或地区的农产品价值链的发展，将毫无疑问地提高及增加农村地区的非农就业人口。

3. 亚美尼亚国家对外贸易（出口）发展规划（2017~2022年）。

对于进出口贸易而言，亚美尼亚政府将在下一阶段采取以出口为导向的产业政策，包括一系列的平衡贸易政策和旨在发掘潜在出口范围及提高国际竞争力的阶段性政策，以实现出口增长与多样化的目标。《亚美尼亚发展规划（2017-2022年）》数据显示，2007~2012年，亚美尼亚属于净进口国，甚至其国家主要出口产品也基本处于贸易逆差的地位；另外，出口产品的种类过于集中，出口的前三位产品分别为矿物、食物以及非贵金属，占到了出口比重的70%。

亚美尼亚2012~2016年进出口额情况依旧处于逆差地位，但其逆差绝对值逐年减少，至2016年已减少到2012年的一半，见表3-6。表3-7梳理了亚美尼亚2012~2016年主要出口产品行业，总共有10个品类进入出口前8位。从表3-8可以看出，亚美尼亚2012~2016年主要出口的前8个类目总体变化不大，其制定的出口多样化政策产生了一定的效果，出口前三的产品占比下降到了2016年的53.54%，出口占比4~9位的产品近五年占比约为30%。正如《亚美尼亚规划（2017-2022年）》中所提到的，亚美尼亚政府对于每个领域的支持都将是暂时性的，根据最初设定的目标，随着时间的推移，新的领域逐渐纳入政策的支持范围。

表 3－6　　亚美尼亚 2012～2016 年进出口额　　单位：千美元

进出口额	2012 年	2013 年	2014 年	2015 年	2016 年
出口	1428121	1467800	1490190	1482667	1807790
进口	4266896	4256218	4159517	3256965	3218458
贸易平衡	－2838775	－2788418	－2669327	－1774298	－1410668

资料来源：ITC（http：//www. intracen. org）。

表 3－7　　亚美尼亚 2012～2016 年主要出口产品行业

代号	对应类目
1	矿砂、矿渣及矿灰
2	饮料、酒及醋
3	天然或养殖珍珠、宝石或半宝石、贵金属、包贵金属及其制品；仿首饰；硬币
4	烟草、烟草及烟草代用品的制品
5	钢铁
6	铜及其制品
7	矿物燃料、矿物油及其蒸馏产品；沥青物质；矿物蜡
8	铝及其制品
9	非针织或非钩编的服装及衣着附件
10	航空器、航天器及其零件

资料来源：亚美尼亚政府网站（http：//www. gov. am/en）。

表 3－8　　亚美尼亚 2012～2016 年出口前 8 名行业及相应占比

排名	代号	2012 年	代号	2013 年	代号	2014 年	代号	2015 年	代号	2016 年
1	1	19.56%	1	20.68%	1	19.54%	1	24.71%	1	22.84%
2	2	13.09%	2	14.51%	3	15.30%	3	13.85%	3	19%
3	3	12.08%	3	12.75%	2	12.68%	4	11.51%	4	11.70%
4	5	8.33%	5	7.17%	4	7.78%	2	7.45%	2	9.71%
5	6	7.75%	6	6.48%	5	7.39%	7	6.23%	8	4.57%
6	7	7.55%	7	5.82%	8	6.26%	8	5.83%	9	4.14%
7	8	6.16%	8	4.71%	7	6.06%	6	4.85%	5	3.65%
8	10	3.41%	4	2.27%	6	5.06%	9	4.14%	6	3.40%
合计		77.93%		74.39%		80.07%		78.57%		79.01%

资料来源：ITC（http：//www. intracen. org）。

4. 亚美尼亚国家旅游业发展规划（2017～2022年）。

亚美尼亚将入境旅游业视为仅次于矿物以及金属行业的出口增长点，其辐射超过半数的服务出口。亚美尼亚共有大约2万国民（2016年国民总数计292万人）从事出入境以及国内旅游行业，约占非农业就业人口总数的3%。亚美尼亚预计在整个《亚美尼亚规划（2017－2022年）》执行阶段保持入境旅游第二大出口部门的地位并覆盖24%的总出口，使非农业就业人群中旅游业从业人数提高7700人，并保持其在非农业就业人口总数中的占比。表3－9为亚美尼亚旅游部门2011～2022年的发展情况与预期。

表3－9　　亚美尼亚旅游部门2011～2022年发展情况与预期

指标项目	2011年	2017年	2021年	2022年
入境旅游（千人）	757.9	1351.2	1907.3	2692.3
指标，2008＝100	100.0	178.3	251.6	355.2
出境旅游（千人）	715.0	1232.9	1677.3	2282.0
指标，2008＝100	100.0	172.4	234.6	319.2
入境旅游消费（百万美金）	513.0	1030.0	1573.7	2404.5
占总出口比重（%）	21.6	25.5	4.9	24.1
出境旅游消费（百万美金）	513.5	1130.2	1869.0	3090.7
占总出口比重（%）	10.7	18.9	22.8	27.4
旅游业就业人口（千人）	20.6	23.9	26.0	38.3
占非农就业人口比重（%）	2.9	3.0	3.0	3.0

资料来源：亚美尼亚政府网站（http：//www.gov.am/en/）。

《亚美尼亚规划（2017－2022年）》中提到，为实现上述目标，确保到2017年入境旅游人数达到135[①]万人并实现2022年入境旅游人数达到2017年的2倍，旅游部门的政策导向应保障上述部门的高增长率。亚美

① 2017年1～6月入亚旅游人数已达135万人。资料来源：中华人民共和国商务部http：//www.mofcom.gov.cn/article/i/jyjl/e/201708/20170802627099.shtml.

尼亚政府期望通过 PPP 的方式提高旅游业的相关基础设施，尤其是通过政策减少进出亚美尼亚所需的交通成本。此外，亚美尼亚政府还规划了低成本航空公司参与以及打破铁路垄断等政策，以确保旅游产业的竞争力以及创造力，并推动埃里温以外其他城市旅游基础设施的建设；同时，提高国际酒店经营者的参与门槛，提高酒店服务质量。2013 年 10 月 23 日，亚美尼亚政府通过了进一步开放航空运输领域的决议，未来入境旅游以及旅游目的地的多样性将会给亚美尼亚旅游业注入新的动力，并为商业交流与发展带去更多福利。

5. 亚美尼亚国家信息产业发展规划（2017～2022 年）。

信息科技产业在 2000 年就被亚美尼亚认定为该国经济发展的重要推动力之一，亚美尼亚将其部门及机构发展放在国家优先地位。同时，亚美尼亚坚信信息科技将是其实现向知识经济过渡的必要推手。在 2008 年金融危机爆发时，亚美尼亚政府便通过了一个包括基础设施建设、提高信息产业毕业生质量、鼓励创新创业并给予初创公司其他财政支持等信息部门的发展政策，详见表 3－10。该政策直接提到，未来将会建立新的工业园区以及孵化基地并创立一个大型的风险基金，为当地的 IT 产品与服务创造更大的本地市场，同时允许该部门更大的外国直接投资额度。在采取上述政策之后，IT 部门在 GDP 中的贡献由 2008 年的 1% 上升至 2011 年的 2%，税收增加了 84%。与此同时，IT 部门的就业人数增长率与生产率在 2008 年均增长了 38%，两者均达到历史增长的最高点。亚美尼亚政府希望 IT 部门能在 2017 年实现该部门 60% 的产品用于出口的目标，并在 2022 年创造 1 万～1.5 万人的新就业人口，对 GDP 的贡献率上升至 7%。①

表 3－10　　亚美尼亚针对 IT 部门的发展政策梳理

序号	处理方法
1	通过 PPP 项目持续推动科技园、孵化基地以及其他 IT 基础设施建设
2	通过提高与私人部门的合作，为大学提供更现代的课程与必需的实验室

① 资料来源：亚美尼亚国家统计局（http：//armstat. am/）。

续表

序号	处理方法
3	通过税收优惠政策提高 IT 部门的出口能力
4	为中小企业提供包括市场准入、专业培训以及信息渠道畅通等国家扶持项目
5	为生产具有创造力商品或服务的 IT 公司提供直接支持

资料来源：亚美尼亚政府网站（http：//www. gov. am/en/）。

6. 亚美尼亚基础设施建设发展规划（2017 ~2022 年）。

虽然该阶段亚美尼亚并没有将基础设施建设规划单独列出，但《亚美尼亚规划（2017 –2022 年）》在各个经济部门中都强调加强基础设施建设的要求，这些经济部门（领域）几乎囊括了各行各业，包括加工制造业、商业环境搭建、旅游业、能源及自然资源、农业、交通以及信息技术产业。

在能源及自然资源领域，亚美尼亚希望能源体系能够完全覆盖国内电力市场需求，并保持一定的出口潜力。因此，亚美尼亚希望通过扩大电力相关基础设施建设，在满足国内市场需求的同时，利用与格鲁吉亚和伊朗的贸易机会，扩大电能出口，实现亚美尼亚电力市场的自由化；在水能领域，亚美尼亚政府为水资源经济提出了为期五年的发展计划，计划将延续水资源经济体系的发展和改革，通过引入新的管理模式，促进基础设施的自主经营和独立的经济运作，确保财务可持续性。为此，亚美尼亚计划在未来几年之间，修复埃里温不同社区的供水网络，改善租赁合同管理下服务区所覆盖社区的供水和排水服务，确保该领域在未来 5. 5 年中为亚美尼亚带来约 41 亿美元的国家预算。

在交通及信息技术产业，亚美尼亚计划通过可持续的交通基础设施建设和服务，提高公民自由出行的便利性，并为经济部门降低交通运输成本，提高交通部门的服务便利性和竞争力；在信息产业方面，政府将加大投资、大力推进该领域的建设，以确保通信技术和通信部门基础设施的改善，并持续关注该领域的发展动态，旨在通过扩大该领域基础设施建设及行业发展，进而创造新的就业机会和促进地区创业和相应地区的发展。因此，亚美尼亚政府计划：（1）为交通设施使用者提供一个统一管理的道路网络，包括统一定价、平衡与补贴交通成本，鼓励及吸引私人运营商参与该领域的发展与建设。（2）提高交通安全性，包括在2020年前引入高效的电子管理系统及统一的票价系统，实现车站的现代化建设及管理，提高管理效率和服务质量，扩大公交车站点覆盖网络；引入电子监管系统，监控交通工具的合规行驶等。（3）发展可替代的交通路径，包括为行人以及货物运输提供更多安全的可选择通行路径，提高进出亚美尼亚的可行性，并促进相应建设发展与提高支持拨款。（4）发展铁路交通系统，在2022年底实现载客机车的现代化。

二、世界各合作方与亚美尼亚的合作规划

根据世界银行的不完全统计，截至2015年，亚美尼亚接受来自援助委员会成员国的援助累计为61.1亿美元，此外，许多国际机构参与了对亚美尼亚的援助，包括联合国开发计划署、国际货币基金组织、欧盟、世界银行、亚洲开发银行、欧洲复兴开发银行、欧洲投资银行等。这些国家或机构对亚美尼亚的长期规划具有重要的影响，并且他们之间的计划也存在相互作用，互补性地援助亚美尼亚发展规划。美国是亚美尼亚第一大援助国，是除了俄罗斯之外对亚美尼亚具有重大影响的国家之一；世界银行在国际上拥有其独特的地位与影响力，并且是援助机构中综合性与影响力较为突出的国际机构；考虑中国处于亚洲地区，因此，亚洲开发银行的合作规划相对其欧洲的同行而言，具有更独特的参考价值。基于以上几点原因，本书选取世界银行、亚洲开发银行以及美国国际开发署（USAID）与亚美尼亚之间的合作规划作为参考样本，探讨国际机构与其他国家的合作规划对亚美尼亚长期规划的影响，梳理他们对亚美尼亚重点合作领域与行业，一是有助于更进一步了解亚美尼亚潜在的投资领域；二是尽可能地收集潜在竞争者的信息以作出更适当的中国—亚美尼亚产能合作规划。

（一）世界银行—亚美尼亚合作规划（2013～2017年）

《世界银行—亚美尼亚国家发展合作规划2013－2017》（简称《世亚

规划》）中提到，世界银行的合作规划大部分已产生了效果，但必须承认在净创造就业机会方面并没有取得值得称道的成果。成果指标显示，能源、道路和农业方面的合作成果超过预期；旅游业监管的简化及透明度根据新的政府计划进行了重新定义，世界银行对电子政务的改革改善了服务质量，但问责机制建设仍是该领域未来的改革方向。此外，《世亚规划》明确了几个未来投资的主要领域，它们包括电力部门、卫生、农业及灌溉系统，并将能源作为最重要的资助项目，计划加大燃气活力发电厂的国际 PPP 项目或者扩大可再生能源计划（SREP）的投资，从而增加可再生能源发电能力。SREP 是战略气候基金的一项有针对性的计划，从 2014 年开始，它分配了总额高达 4000 万美元的捐赠和贷款，以加速亚美尼亚地热、太阳能和其他可再生能源的勘探和开采。在电力行业，国际金融公司（IFC）计划继续对亚美尼亚沃罗坦（Vorotan）进行私有化后的支持，并考虑对清洁和符合成本收益原则的能源生产和分配领域进行 PPP 投资。在采矿、农业企业和房地产领域，IFC 计划与信誉良好及透明度较高的投资客户合作，帮助其在这些领域中创造更多的就业机会，并计划投资矿业部门及基础设施，以使过于集中的投资多样化。

因此，在世界银行与亚美尼亚的合作规划中，主要强调电力、卫生、农业和灌溉系统及能源领域的发展。

（二）亚洲发展银行—亚美尼亚合作规划（2014～2018 年）

亚洲发展银行（ADB）在 2014～2018 年的国家合作规划（CPS）中将重点放在三个部门：（1）交通；（2）水和其他城市基础设施建设与服务；（3）能源。从以上分析可知，ADB 的重点也是亚美尼亚长期规划中的优先发展领域，主要由于这些领域较为契合 ADB 的优势和经验。ADB 强调基础设施的运营和财务可持续性，并通过技术支援和政策性贷款来补充其对基础设施建设的支持，以推动提高公共部门能力和有效分配公共财政的改革，确保基础设施建设的可持续性。同时，ADB 根据其他发展伙伴的合作规划，明确不会将重点放在金融、卫生、教育和自然资源的相关领域上。

1. 交通。

ADB 对于交通的扶持体现在如下几个方面，见表 3－11。

表 3－11　亚洲发展银行 2014～2018 年对亚美尼亚交通领域的具体投资规划

序号	主要内容
1	改善正在实施的项目，尤其是“北—南”公路走廊投资计划
2	正在进行的项目实施顺利时，通过多变筹资框架为包括城市交通在内的南北道路进一步改善提供资金
3	改善二级城镇之间和之内的交通联系，特别是贫困率最高的城镇或沿南北公路的交通联系，将运输走廊打造成经济走廊
4	完善财政部门和交通部门的职能，以加强资源分配和道路养护能力
5	提高产出导向部门的管理，以确保所有在亚美尼亚道路网络的投资是可持续的
6	尽可能加强亚美尼亚道路网络以减低运输成本和增加出口

资料来源：亚洲发展银行（www. adb. com）。

2. 水和其他城市基础设施建设和服务。

对于这个部门的支持也是临时运营规划（IOS）与 ADB 当前规划一致的方面。由于中等城镇贫困人口的增加以及促进除埃里温之外地区发展和 ADB 交通补充规划的重要性，CPS 将从 IOS 中的农村发展转向城市发展，特别是南北沿线的城市地区。ADB 认为改善中等城镇的城市环境是亚美尼亚包容性增长的关键，固体废物管理和废水处理对环境可持续增长是至关重要的。亚洲发展银行在该领域将支持对城市进行综合干预的措施，以良好的城市发展计划为指导，推动安全、绿色、低碳和现代化的城市发展。

3. 能源。

能源是 IOS 中的关键部门，但 ADB 仅在 2012～2013 年就在能源部门开展了能源业务，提供能源基础设施技术支持和私人部门借贷用于能源开发。2014～2018 年 CPS 延续了之前的能源计划。亚洲发展银行将通过实现能源多元化，恢复和升级电力输配网络，提高能源安全。亚洲发展银行还将帮助亚美尼亚吸引私人对能源的投资，私营部门业务将资助可再生资源的投资，而主权部门将支持输电和配电基础设施的恢复和升级。能源项目还包括缓解温室气体的排放以及完善核算方式，并着重解决资产老龄化的问题。

ADB 着重扶持的领域与世界银行关注的领域虽然有所不同，但也有重合的地方，比如，都强调能源领域。但区别相对则更加明显，具体来看，亚洲发展银行强调交通、水供给以及城市基础设施建设与服务。

（三）美国国际开发署—亚美尼亚合作规划（2013～2018 年）

美国国际开发署（USAID）将重点放在对亚美尼亚的发展具有极大变革意义和潜力巨大的领域中。在整个投资计划中，预计将资源投资在最有潜力的、契合比较优势和积极趋势的领域。USAID 将这些计划划分为三个领域，分别是：（1）经济；（2）公民社会与公共治理；（3）卫生。

USAID 鼓励亚美尼亚推动必要的经济和政治改革，以获得欧盟更高层次的援助并进入欧洲市场；推动信息技术发展，并以此带动其他行业增长并改善他们的增长模式；提高通信网络，特别是移动网络的发展，为跨部门的发展提供更多的机会。据估计，宽带覆盖率每提高 10%，可以提高 GDP 的 1%，移动商务具有改善社会和金融包容性的巨大潜力。此外，USAID 提到，稳定而有竞争力的银行业，可以强化对行业发展和资本形成的贡献。因此，USAID 预计将会加强与亚美尼亚银行业的合作。其在经济领域的主要投资方向包括农业、劳动力发展（联合大学、职业培训）、食品/饮料加工、机械与仪器、旅游业、信息技术、化学品与药品等。此外，USAID 计划在医学教育、远程医疗、孕产妇和儿童营养及健康、计划生育等方面与亚美尼亚进行大学联合教育合作。

总体来看，美国国际开发署强调的领域比较宽泛，经济领域包括信息技术产业、银行业、农业、食品/饮料加工等，此外，还强调了卫生以及公民社会与公共治理领域。

第二节　亚美尼亚政府扶持产业及其发展规划

针对《亚美尼亚规划（2017－2022年）》中强调的农业、能源、矿业、生物技术及制药、旅游业及基础设施建设，本节将分别对它们的发展规划进行详细的探讨，以进一步识别这些领域当前的发展情况以及未来的发展目标，阐述他们在亚美尼亚经济中所起的重要作用。同时，文章整理了这些产业和领域在亚美尼亚享受到的政策扶持情况及政策导向，以确认中国与亚美尼亚合作的切入点以及潜在合作领域。

一、亚美尼亚农业发展规划

亚美尼亚的农业及农产品加工行业在经济中占主导地位。在过去的几年中，它贡献了亚美尼亚国内生产总值（GDP）的23%，因此，成为经济的主要推动力之一，在过去五年中已显示出两位数的增长。此外，该国超过35%的人口从事农业，因此，农业在农村经济发展中发挥了重要作用。该行业由以下子行业组成：基础农业（ISIC01－03）、食品加工业（ISIC10）和饮料生产业（ISIC11）。其主要的子行业是基础农业，在2010～2015年期间平均占该国GDP的20%左右。自2014年以来，基础农业平均每年增长10%。第二大部门是食品加工业，2010～2015年期间平均占GDP的3.5%。在农业大类中，饮料生产业的占比较小，平均GDP贡献率为1.4%。[①]

亚美尼亚政府项目和《亚美尼亚农业2010－2020年可持续发展战略》是农业领域的政策标志，概述了农业政策的主要方向及其实施路径。政府在农业领域的具体措施是根据此战略确定的，该战略所关注的农业领域的主要问题见表3－12。

① 资料来源：亚美尼亚国家统计局（http：//armstat. am/）。

表 3-12　　亚美尼亚农业 2010~2020 年可持续发展战略

序号	发展战略
1	深化农业改革，发展农业合作
2	提高食品安全水平，提供食品安全和农业食品主要自给自足的最低水平
3	提高国内农产品竞争力，替代进口农产品、发展出口型农业
4	区域专业化分工合理，提高土地利用率
5	实施领先的农业技术
6	农业原料加工： a）发展领域和合理分配后处理组织； b）领先技术的投资和生产竞争力的提高； c）营销援助和发展与原材料生产商的合同关系
7	发展农业产业技术服务和增加工业设备饱和度
8	改善农业领域的信贷供应
9	改善农业领域的教育和咨询制度
10	完善农业会计制度
11	发展农作物生产： a）实施领先的农业技术； b）确保高附加值作物的广泛种植； c）密集的果园种植； d）开发选择和育种系统； e）改善植物卫生条件； f）保存作物遗传多样性； g）增加温室面积
12	缓解农业风险
13	发展国家的社会基础设施

资料来源：亚美尼亚农业部（http：//minagro. am/en/）。

亚美尼亚政府实施上述农业发展规划的目的主要在于支持和促进亚美尼亚农业部门实现商业化、现代化、出口导向性及可持续性发展。通过引进先进的技术加快农业部门的现代化；通过大力发展社会基础设施建设为农业部门的可持续发展奠定坚实基础，并进一步推进其现代化；通过机构设置及立法改革，完善农业领域可持续发展的机制基础；通过推进出口市场的多样化发展，进一步促进亚美尼亚农业部门“走出去”的步伐，逐步形成“出口导向型”的格局，全方面促进农业的商业化及现代化。

农产品加工业在亚美尼亚农业中占据重要地位，亚美尼亚的农产品加工业中最具特色的是酿酒。亚美尼亚拥有悠久的酿酒传统和强大的技术诀窍，是世界第六大葡萄酒、白兰地出口国，也是独联体国家中的第一大出口国，其对全球的白兰地出口量占独联体国家的50%左右。受益于白兰地强大的比较优势，亚美尼亚白兰地出口年均增长15%。[①]

为支持和发展亚美尼亚的农产品加工业，根据《亚美尼亚政府工作计划（2017－2022)》，亚美尼亚政府将采取如下措施推动农产品加工业的发展：(1) 面向农产品加工业中的农产品采购活动提供专项信贷补贴计划；(2) 到2018年底，针对葡萄酒行业制定更优惠的消费税率；(3) 2017～2019年，将国内农产品加工行业的质量标准与国际通行标准接轨。

二、亚美尼亚能源行业发展规划

亚美尼亚政府致力于推进制度变革，旨在实现能源自由化，为投资者营造更好的投资环境。亚美尼亚有着历史悠久且运行稳定的能源部门，稳步推进的改革为亚美尼亚能源部门的长期稳定发展创造了稳固且坚实的基础。过去五年来，国内外的投资者对能源基础设施的投资规模正在逐步扩大。自从能源改革推行以来，亚美尼亚国家的天然气供应和电力网络一直在逐步完善。表3－13为亚美尼亚政府所颁布的能源文件及其政策目标。

表3－13　　亚美尼亚政府能源政策

年份	文件	政策目标
2005	《能源部门发展战略》	发展能源安全系统：确定能源安全威胁；改进机构的法律基础；能源市场的渐进自由化
2007	《能源与自然资源行动计划》	有效使用自有资源：增加可再生资源的使用；探索有潜力的生物燃料和其他可能的燃料；寻找新的化石燃料；进口多样化；确保能源部门的金融及财政支持

① 资料来源：亚美尼亚国家统计局（http://armstat.am/)。

续表

年份	文件	政策目标
2007	《节能和可再生能源国家计划》	确保能源安全；建立新的NPP，提升安全性并保持安全运作
2013	《国家能源安全概念》	多样化能源供应和区域一体化：储气罐；开发石油储量；亚美尼亚－伊朗和亚美尼亚－格鲁吉亚400/500kV传输线；融入独联体能源市场
2015	《亚美尼亚发展战略：2014－2025》	概述了亚美尼亚政府的战略目标，即：经济增长，缓解贫困，国家安全

资料来源：Armenia Power Sector Policy Note（http：//documents. shihang. org/curated/zh/486881468180575102/Armenia－Power－sector－policy－note）。

亚美尼亚从苏联时期开始就一直把能源发展的重点放在电力建设上。如今，电力生产已经成为亚美尼亚的支柱产业，也是亚美尼亚政府重点扶持和发展的项目。此外，亚美尼亚具有非常发达的电力出口基础设施，输电能力达2000兆瓦。亚美尼亚拥有一个新的400兆瓦高压电网，可以将现有电力出口能力增加四倍。据亚美尼亚官方统计资料显示，该电网2015年发电量为78亿千瓦时，其中，火力发电28亿千瓦时，占36%；水力发电22亿千瓦时，占28%；核能发电28亿千瓦时，占36%。为支持电力行业发展，亚美尼亚在可再生能源行业及核能行业出台了一系列支持政策。

（一）亚美尼亚可再生能源行业发展战略

亚美尼亚发展可再生能源业具有天然的优势和巨大的潜力：亚美尼亚境内太阳能的全球年平均水平照射值约为欧洲平均水平的2倍，水电资源潜力预计为218亿千瓦时/年，风能预计可实现年发电量12.6亿千瓦时/年。亚美尼亚政府为支持再生能源业发展出台了一系列积极的支持政策，主要包括以下几个方面：（1）制订激励计划：该计划旨在建立更多的可再生能源机构，建立可再生能源发电厂作为可再生能源计划的重要部分，支持私人部门建立可再生能源发电厂。（2）投资政策：政府通过制定创新性监管政策促进可再生能源行业发展，公共服务监管委员会支持可再生能源可以固定利率通过网上进行直接投资。（3）简化许可程序：根据目前太阳能发电系统的容量，进行许可程序简化，如达到150kW可不受监管，以实现更多的可再生能源利用。

（二）亚美尼亚核能行业发展战略

1. 核能部门基础设施。

亚美尼亚能源安全战略提出，要发展经济可行的可再生能源，提高能源有效性，追求多元化的燃料供应和区域合作，确保核设施安全运行。

亚美尼亚核能部门包括核电厂及核电厂运行科学技术支持组织（“ARMATOM”），它们在能源和自然资源部下运作，支持核监管的科学专业知识组织权威。此外，还有其他几家私营公司确保专业化的活动，例如，设备的修理和维护、设备的安装和设置系统、技术和操作文件的开发等。

2. 核电厂运行研究所。

亚美尼亚核电厂运行科学研究所（“ARMATOM” CJSC）于1973年建设，确保在亚美尼亚核电厂建造期间工厂各个阶段的科学技术支持操作。“ARMATOM”研究所活动的主要方向为技术支持，主要活动如下：与核电厂安全评估有关的活动；实施诊断，信息和其他系统确保核电厂的安全；开发和实施运营和培训系统核电厂维修人员；维护核电厂的系统和设备；确保地震条件下核电厂的安全运行。

3. 核能部门人力资源。

亚美尼亚国立理工大学和埃里温州立大学确保其主要毕业生进入该国核能部门。理工大学包括核能领域的许多重要专业，主要包括“核物理”和“核反应堆”专业等。这两所大学与不同的核能源部门及核能组织合作——来自不同核能组织及公司的专家开展讲座并指导学生编写论文。

国立理工大学能源系和亚美尼亚NPP在NPP的培训中心开设了特殊的培训教室，在那里可以使用不同的培训技术手段（设备模型、特殊模拟器）。相关专业的某些具体课程可以在其特定的教室中进行。通过提供高质量的特定课程，完善人才的培养机制，为核能领域源源不断地输送人才。

三、亚美尼亚矿业发展规划

采矿业是亚美尼亚经济的主要贡献部门，是经济发展的驱动力，尤其是在经济衰退之时，更是少数具有稳定收入来源并能够拉动贸易增长的部门之一，2017 年，亚美尼亚矿业出口占其出口总额的 30.1%。亚美尼亚是钼的主要生产国，Zangezur 铜钼综合矿场拥有大量的钼储量。除钼以外，亚美尼亚还有大量的铜和黄金储量，少量的铅、银和锌储备。同时，亚美尼亚也有工业矿物储备，包括玄武岩、硅藻土、花岗岩、石膏、石灰石和珍珠岩。亚美尼亚开发署（ADA）资料显示，亚美尼亚总共拥有 670 个矿山，包括 30 个贱金属和贵金属矿。在这些矿山中，约有 400 个矿上正在开采，其中包括 22 个贱金属、有色金属及贵金属矿山。在贱金属和贵金属矿山中，有 7 个铜钼矿、3 个铜矿、13 个金矿和黄金混合金属矿、2 个多金属矿和 2 个铁矿。

亚美尼亚环境安全政策较为健全，但随着土地退化、地下水资源较少等环境问题的恶化，开采技术难题和较低的生产效率仍然是制约亚美尼亚采矿业可持续发展的因素。基于以上原因，亚美尼亚能源与自然资源部为了对自然资源的合理利用和保障生态环境的可持续发展，制定了采矿业的发展政策。从政策实质看，亚美尼亚政府鼓励矿业发展的途径主要在于：（1）利用国内国外两个市场，两种资源组织国内生产；（2）引进先进技术；（3）确定新产品市场，实施强有力的营销策略；（4）推动非金属矿业加工业在亚美尼亚的发展等。

为加大采矿业的发展以及进一步优化矿业投资环境，近年来，亚美尼亚对矿产行业进行相当大的政策调整。2011 年 9 月，亚美尼亚对采矿业领域相应的法规实行修改和补充，以实现行业税收调整，建立矿藏开采机制，包括实施“矿藏勘探开采一站式”原则、私营主的矿场所有权可作为遗产由受益人继承等一系列有利于吸引投资的新政策。目前，亚美尼亚采矿业相关法律和制度见表 3－14。

表 3－14　　1998～2014 年亚美尼亚采矿业相关法律和制度规定

年份	法律文件名称
1998	《亚美尼亚民法典》
1998	《亚美尼亚环境与自然资源使用费用法规》
2001	《亚美尼亚土地法典》
2002	《亚美尼亚水利法规》
2004	《亚美尼亚废物法》
2005	《亚美尼亚环境监督法》
2005	《亚美尼亚促进国家技术安全监管法规》
2011	《亚美尼亚采矿法》
2014	《亚美尼亚环境影响评估与环境知识专利法》

资料来源：亚美尼亚国家能源基础设施与自然资源部（http：//www. minenergy. am/en）。

亚美尼亚计划进一步为矿业部门的发展提供预计不低于 2 亿美元的资金。近年来，亚美尼亚矿产产量增速明显（除了钻石切割行业），并且由于私有化计划的成功，预计钼矿产量将增加，再加上政府资金的大量投入，预计亚美尼亚矿石加工能力将得到进一步提升。

四、亚美尼亚生物技术及制药业发展规划

在过去的十年中，亚美尼亚的制药行业一直是该国最具活力的部门，在国家经济领域占据着举重若轻的地位，已成为发展亚美尼亚经济的重要战略部门。早在 2011 年，亚美尼亚制定的经济发展规划中就给予制药、白兰地酒和精密制造三个行业重点支持，目标是产值增长十倍、出口翻番。为此政府投资 59 亿德拉姆（按当时比价折合 1590 万美元）并给予免交三年增值税的待遇来促进这三个行业的发展。在 2013 年设立的亚美尼亚第一个自由经济区也将制药和生物技术列为七大鼓励并允许企业入驻的产业之一。2013 年 8 月，亚美尼亚对从事药品生产的经营者简化了监管程序，从经营初期开始，去除额外要求和费用，减少文件周转。由于亚美尼亚制药部门出口不断增长，因此，出现了巨大的经济潜力和投资吸引力。

在2008～2014年里，亚美尼亚制药部门的年均产量增长达到了15%～17%①。亚美尼亚药品出口量以年均20%左右的增长率增长，且预计将持续增长，较高的增长率主要来源于国家对营商环境的支持政策以及国际标准的引入。

（一）政府政策支持

亚美尼亚政府为制药行业的发展建立了有利的政策环境，出台了多项有利于吸收外商直接投资的政策，再加上国内、国外销售市场规模的大幅扩大，因而推动了亚美尼亚制药行业的持续增长。制药行业的发展处于亚美尼亚政府产业政策的优先发展地位，2011年亚美尼亚政府所制定的出口导向性政策，提出了关于促进制药行业发展的一系列举措，目前正处于实施阶段。主要的措施有：建立质量控制系统、建立当地的原料基地、能力建设、财政支持、鼓励跨国企业参与、营销推广政策，见表3-15。

表3-15　亚美尼亚政府对营商环境的支持政策

序号	营商环境支持政策
1	进口设备和货物的增值税付款最多延期3年
2	自由经济区内，最多可享受10年的增值税、企业所得税、财产税及关税豁免
3	除工资税外，居民免除所有税项
4	亚美尼亚特定地区的公司税、所得税和增值税为0
5	某些材料和设备/技术的关税豁免

资料来源：《亚美尼亚药品行业指南》。

除此之外，亚美尼亚政府致力于提高知识密集型产品的产出以及培养创造性人才。受过高等教育的劳动力正在增加。在亚美尼亚的制药工业中，专业人员和技术人员已达到了较高的雇佣比例。在2012年，约有

① 资料来源：《亚美尼亚制药业近年来发展迅速》［EB/OL］. 中华人民共和国驻亚美尼亚共和国大使馆经济商务处 http://am.mofcom.gov.cn/article/jmxw/201408/20140800700567.shtml

24%的制药行业员工参加了制药技术专业课程。数据显示，2013 年 1 月 1 日，亚美尼亚制药业就业的人数约为 4800 人。①

（二）国际制药标准引入

亚美尼亚没有自己的制药标准体系，药品质量检验采用俄罗斯、美国和欧盟的标准。为生产符合国际标准的产品、扩大出口市场、提升竞争力，同时为确保药品质量和安全，保证亚美尼亚人民健康水平，亚美尼亚政府要求制药企业在 2013 年 1 月 1 日开始全面推行欧洲药品 GMP 标准，生产符合 GMP 标准的产品，从而为此奠定合规生产药品具有的最高国际标准。这意味着随着 GMP 标准在亚美尼亚国内制药行业的推行，制药企业产品不仅可以出口到独联体国家，还可以出口到欧洲，为扩大企业产品出口市场、增强企业发展后劲奠定良好基础。预计到 2019 年，亚美尼亚的所有制药行业都可以达到 GMP 标准。②

五、亚美尼亚旅游业发展规划

过去五年来，亚美尼亚旅游业在总体收入和到境人数方面增长强劲，入境旅游每年增长 25%，贡献了国内生产总值的 4.7%。大部分游客来自俄罗斯（34.9%）、格鲁吉亚（28.1%）、伊朗（7.8%）、美国（4.5%）、法国（3.5%）、德国（2.9%）和乌克兰（2.0%），且重复访问率很高。在《亚美尼亚发展规划（2017－2022 年）》中，政府针对旅游业发展提出了专门的规划目标。此外，美国国际开发署也对亚美尼亚的旅游业规划进行了梳理③。

亚美尼亚旅游业发展目标是通过增加到境旅游人数与旅游业收入以及创造旅游业就业机会的方式增加旅游业对扩大国民经济总量、平衡经济社会发展、提高农村生活水平和扶贫开发的贡献。为了实现上述发展目标，

---

① 资料来源：《亚美尼亚制药业近年来发展迅速》[EB/OL]. 中华人民共和国驻亚美尼亚共和国大使馆经济商务处 http://am.mofcom.gov.cn/article/jmxw/201408/20140800700567.shtml

② 截至 2019 年 3 月，尚未实现所有药品生产商遵循 GMP 标准（http://www.topbrain.cn/zhonghengyuance/gongsixinwen/2019－03－11/1934.html）。

③ 美国国际开发署 USAID | CAPS, Tourism Development Concept Paper.

亚美尼亚政府致力于解决以下9个主要问题，包括：（1）设计和开发有竞争力的、新的旅游目的地，并确保历史文化资源的有效利用和保存；（2）鼓励和支持高质量的旅游调查和研究，对亚美尼亚主要旅游市场进行评估；（3）塑造并推广国家旅游品牌，同时盘活国内旅游市场；（4）改善内部航空运输与旅游区交通，放宽签证制度；（5）改善和发展基础设施，设计并实施严格的旅游区规划管理；（6）提供更高质量的服务，包括在旅游区建立广泛的优质住宿和食品网点、通过完善许可制度和持续培训加强导游服务等；（7）引入多层次的教育体系，加强劳动力发展培训；（8）制订危机管理计划，确保公共健康和安全；（9）改善旅游景点的管理、营造良好的商业和投资环境。

预计2030年，按9%的旅游入境人数年增长率计算，亚美尼亚将迎来300万国际游客，亚美尼亚国内旅游市场将达到150万人规模，并在世界经济论坛旅游与旅游主题竞争力指数排名中进入前50位。表3－16显示的是美国国际开发署梳理的截至2030年亚美尼亚旅游业发展的主要目标，该目标对国际旅游入境人数与收入、内部旅游市场和旅游业对就业的贡献提出了要求。

表3－16　　截至2030年亚美尼亚旅游业主要目标

项目	2006年	2010年	2020年	2030年
国际旅游入境人数（CAGR－9%）	381000	600000	1500000	3000000
入境旅游产生的收入（按2007年价格计算复合年增长率为11%）	US $269000000	US $480000000	US $1350000000	US $3000000000
内部旅游访问人数	308000	500000	1000000	1500000
旅游就业占总就业人数的百分比	1.7%	1.8%	1.9%	2.0%

资料来源：美国国际开发署USAID｜CAPS（http：//www. caps. am）。

六、亚美尼亚基础设施领域发展规划

基础设施的建设对于亚美尼亚而言一直是重要的优先发展领域，亚美尼亚在长期规划中将饮用水、灌溉与交通基础设施单独提出，以官方文件的形式确定了他们的优先发展地位。亚美尼亚基础设施建设对于国民经济各方面的提升是非常重要的，对于这样一个内陆国家，当前交通基础设施建设的滞后、设备的老旧等问题非常突出，使得设备运行效率、安全性大打折扣，并因此付出高昂的维护成本。因此，亚美尼亚基于国民生活与发展的需求，在 2008 ~ 2022 年的规划中，都强调了基础设施建设的重要性。

（一）饮水基础设施

针对饮水系统基础设施建设，亚美尼亚制定了较为详尽的政策，致力于持续推动饮用水系统的改进以加强其可靠性并提升其运作效率，提高水源供给质量和排水服务，同时专注于缓解区域供水差距。亚美尼亚在饮水基础设施方面的规划包括以下几个方面。

1. 投资政策。

饮用水系统将继续保持在公共领域的优先发展地位。在政策方案实施期间，该系统每年的投资将相当于亚美尼亚国内生产总值的 0.4%。投资政策的目标是保证高质量饮用水服务的持续供给和缓解现有的区域差距。投资政策也着眼于加强饮用水系统的效率，尤其侧重于减少水损失的问题。在废水处理领域，特别要注重在城市和农村地区构建污水处理系统。投资政策也将对 560 个农村地区采取特殊措施，这 560 个农村地区主要是不拥有可以提供饮用水系统许可证专门组织的地区。这些地区将被纳入政府的投资计划项目中，通过专门的组织供水。

2. 关税政策。

在整个计划期间，考虑到低收入家庭的承受能力问题，关税政策将着眼于逐渐增加关税成本回收的水平。确定供水和污水处理服务保障性关税的最高水平，并由政府对低收入地区进行补贴。

3. 管理改革政策。

饮用水行业的管理改革将持续推进，并不断增加私人部门的参与。政府将鼓励专业组织与具有供水许可证的机构为农村地区的供水提供全方位的服务。

（二）灌溉基础设施

近年来，亚美尼亚灌溉土地面积扩大缓慢。与2008年相比，2012年的灌溉用地面积仅增加1%，达到13.07万公顷。2008年以后，由于自然气候条件的变化以及主要灌溉系统的水损失减少，每公顷灌溉用水量有所下降。从2008年的44.7万立方米降至2012年的36.1万立方米，降幅达19%。

亚美尼亚政府将灌溉系统视作公共投资的优先事项，并保证灌溉系统的年度资本投资占GDP的0.3%。同时，政府会采取措施确保系统的运作和维修费用有足够的资金。政府计划通过投资政策、关税和补贴政策以及管理改革对灌溉类基础设施进行规划管理。投资政策的目标是扩大灌溉土地面积（假定灌溉土地面积的扩大发生在现有灌溉系统的框架内）并提高灌溉系统的效率。关税政策的目标是逐步提高关税的成本回收水平；政府将按照提供公共财政支持的有关条例以现有赠款的形式为用水户协会提供财政支持。另外，亚美尼亚政府明确表示将继续进行灌溉系统的管理改革，并进一步深化已经形成的参与式管理计划。表3-17列出了灌溉系统各项指标的主要目标。

表3-17　　灌溉系统各项指标的主要目标

指标	基年	2017年	2021年	2025年
过渡指标（EBRD）	2.67（2013）	3.67	4.00	4.33
用水户协会服务的灌溉土地（千公顷）	130（2012）	132	135	138
公共资本投资水平（占GDP的百分比，%）	0.18（2012）	0.3	0.3	0.3

续表

指标	基年	2017 年	2021 年	2025 年
累计关税成本（按回收率的百分比，%）	46（2012）	100	120	120

资料来源：亚美尼亚政府官方网站（http：//www. gov. am/en）。

（三）交通基础设施

亚美尼亚对交通基础设施做了较为详细的规划，计划增加对交通基础设施建设、运营和维护的公共资源，以防止道路网络的恶化并确保交通基础设施的安全性，提高交通基础设施使用的便利性和可得性，采用更高效的管理方法提高交通基础设施资源的使用效率。

自 2015 年起，拨给该领域的综合预算已达到年均 GDP 的 1.4% ~ 1.5%，其中的 85% 用于公路网络建设，剩余的 15% 用于其他交通基础设施项目的建设。该阶段政策的主要目标是修复和建设至少一条连接居民聚集点到区域中心、南北走廊的交通通道以及高经济效率的道路路段。为此，亚美尼亚政府计划将实施以下措施或补充计划，以保证交通的发展达到预期水平，它们包括：（1）增加交通基础设施使用的便利性，增加拥有更舒适座位的公车，提高交通站点的服务水平，发布新的政策推动环境友好型交通工具的使用；（2）增加财政拨款，用于新地铁站的建设、车厢的现代化和扩建以及无轨电车公园的更新以及电车线路的改进；（3）颁布措施以提高残疾人使用交通工具的便利性（巴士站和铺路车轮椅的滑动平台，带轮椅升降机的特殊交通工具）；（4）新 Vanadzor – Fioletovo 铁路的建设计划；（5）消除的滑坡造成的道路瘫痪，并恢复受影响路段的交通功能；（6）计划建设 Zvartnots 机场铁路，使其联通自由贸易区并进一步扩大国际物流中心；（7）推动交通基础设施的电信数字化；（8）发射亚美尼亚空间卫星。亚美尼亚 2014 ~ 2025 年的交通基础设施建设目标详见表 3 – 18。

表 3－18　　亚美尼亚交通部门 2014～2025 年目标

指标	基期	2014 年	2017 年	2021 年	2025 年
过渡指标（EBRD）	2.67（2013 年）	3.00	3.67	4.00	4.33
令人满意的道路和路段的长度占相同类型道路总长度之比（%）	39（2009）	45	50	57	65
洲际（interstate）	85（2009）	89	92	96	100
洲（state）	34（2009）	41	47	53	60
本地（local）	10（2009）	16	21	31	45
公路系统公共投资水平（占 GDP 比重,%）	0.49（2012）	1.4	1.1	1.0	1.0
交通部门公共投资水平	0.14（2012）	0.15	0.15	0.15	0.15
国家与洲际公路当前与冬季道路维修的公共花费（占 GDP 比重,%）	0.24（2012）	0.21	0.25	0.25	0.25

资料来源：亚美尼亚政府官方网站（http：//www.gov.am/en）。

第三节　亚美尼亚自由经济区定位及发展规划

目前，亚美尼亚共有两个自由经济区，都在亚美尼亚首都埃里温市内的西南区域，分别为“同盟”自由经济区与“子午线”自由经济区。亚美尼亚希望将两个经济区打造成物流中心、货运码头、冷存储中心。同时，以电子、精密工程、制药和生物技术、信息技术、替代能源以及工业设计和电信业等高新技术领域为优先发展的代表，进行“同盟”自由经济区的搭建。而“子午线”自由经济区重点在于建设具有国际竞争力的珠宝首饰产销、钻石切割及制表平台。除上述优惠政策之外，园区企业还享有进口机器税收的免除，通过进口进入自由经济区的货物以及在该区域生产的货物出口均享受关税免除以及减少非关税管制措施的优惠待遇。

一、"同盟" 自由经济区定位及发展规划

"同盟" 自由经济区是亚美尼亚2013年7月批准的首个自由经济区项目，由俄资公司管理运营，分为MARS与YCRDI园区，总计9.4万平方公里，前者是高科技密集型的工艺与生产园区，后者是高科技、研发、信息技术等科技引进类园区。"同盟" 经济区的设立旨在高新技术的研发与引进，包括电子类、精密工程、生物与制药技术、信息科技与软件、可替代能源、工业设计、电信技术以及其他高科技密集型技术。此外，入驻园区的企业可以将它们的制造业部门放置在任意一个区域内，同时将研发部门放到另一个园区中，享受该园区配套的从研发设计阶段到制造过程中最有利的条件。入驻园区的企业除了免除工资税外，对于所得税、增值税、进出口关税、股息税、房地产和财产税也一并免除；同时，园区无货币使用限制，可自由兑换货币、资本、利润与股息均可自由进出园区。"同盟" 自由经济区扶持领域与政策优惠详见表3-19。

表3-19　亚美尼亚 "同盟" 自由经济区支持领域与政策优惠汇总

扶持领域	重点产业或内容	优惠政策
电子类	电子设备与器械、微电子技术与数码技术	利润税率0 增值税率0 进口关税率0 出口关税率0 股息税率0 房地产与财产税率0 无使用货币限制 资本、利润以及股息自由流动
精密工程	精密仪器工程	
可替代能源	节能型技术	
电信	研发与生产高科技设备、数据传输系统与设备	
制药与生物技术		
信息技术与软件		
其他高科技领域		

资料来源：全球自由经济区合作组织（http：//services. worldfzo. org/armenia/）；亚美尼亚自由经济区（http：//fez. am/eng/index. php? o =4#metka）。

二、“子午线”自由经济区定位及发展规划

“子午线”自由经济区以珠宝、钻石切割和制表企业创造特殊条件以及充满自由商业精神的特殊平台为初衷。亚美尼亚悠久的珠宝制作传统一直是其文化的中心部分，已有2000多年的历史。目前，亚美尼亚是独联体地区第二大钻石切割和珠宝出口国家，其通过自由贸易协定（CIS、EEU、GSP +）对亚美尼亚珠宝行业主要出口国（美国、欧盟国家、阿联酋、独联体）征收零进口关税，这是其相对于竞争对手国家（中国和土耳其）的主要优势。2016年，亚美尼亚的珠宝出口显著增长102%，其中钻石出口显著增长105%。①

“子午线”自由经济区的园区理念认为，创新型的商业活动边界将是无限制的，只要企业对合作、竞争力、审慎的投资、增长与目标有充分的认识与准备。换句话说，在创新型企业面前，经济区自然边界将消退，从而为其创造更大空间。“子午线”经济区被亚美尼亚视为区域性及国际性的独特珠宝平台，因此，想要独特的扶持政策与优惠措施，以保障自由经济区内的企业享有更强的生存条件和国际竞争力，见表3－20。

表3－20　亚美尼亚“子午线”自由经济区支持领域与政策优惠汇总

扶持领域	重点产业或内容	优惠政策
珠宝首饰	珠宝行业	1. 增值税率0 2. 利润税率0 3. 企业所得税0 4. 进口关税率0 5. 出口关税率0 6. 物业税率
钻石切割		
制表		

资料来源：全球自由经济区合作组织（http：//services. worldfzo. org/armenia/）；亚美尼亚自由经济区（http：//fez. am/eng/index. php？ o =4#metka）。

虽然亚美尼亚位于地缘政治的十字路口，不可避免地受到来自欧洲、

① “子午线”自由经济区网站（http：//www. meridianfez. com/）。

俄罗斯、中亚和中东等不同文化的影响，但经济区内仍保留具有亚美尼亚独有文化特征与丰富传统的珠宝艺术。亚美尼亚希望“子午线”能够吸引国外直接投资来刺激经济，并创造更多的就业机会与出口量，对将该经济区打造成条件优异、配套成熟以及以客户为导向的具有全球竞争力的经济园区寄予极大的期望。“子午线”自由经济区的具体目标见表 3 - 21。

表 3 - 21　“子午线”自由经济区的具体目标

序号	目标
1	在亚美尼亚建立与发展珠宝产业集群
2	吸引外国直接投资并将国际品牌带到亚美尼亚
3	通过扩大出口量以增加国民收入
4	创造新的工作岗位与工作场所
5	教育和培训年轻一代的珠宝商
6	引进先进技术，并引导当地技术人员进行专业知识与专业技术学习
7	将亚美尼亚打造成国际知名的珠宝产业中心

资料来源：“子午线”自由经济区网站（http：//www. meridianfez. com/）。

第四节　中国与亚美尼亚产能合作战略对接

推进国际产能合作，有利于中国和不同国家互利合作，有利于中国经济、中国企业在全球配置资源，是中国经济迈出的至关重要的一步。推进国际产能合作是当前中国经济发展非常重要的战略考量。

2015 年，国务院印发的《中国制造 2025》描绘了中国全面推进实施制造强国的宏伟蓝图；同年，国务院印发的《关于推进国际产能和装备制造合作的指导意见》（以下简称《意见》）则为配合实现制造强国的战略目标而周密部署，是国际产能合作实践的指针与意向书。

亚美尼亚需要稳定经济发展，实现其长期规划则不可避免地需要进行国际合作，综合来看，对于合作方的选择，中国无论在政治和经济上，都是一个共赢的选择，对于亚美尼亚经济发展与政治稳定而言，与中国合作将带来必然的利好。

一、高度契合的外资开放政策

从亚美尼亚政策视角来看，《亚美尼亚投资政策概念文件》描述了亚美尼亚整体投资环境，且再次明确对外资实行“开门”政策，给予外国投资者国民待遇和最惠国待遇，对外资的进入、运营及离开采取自由化原则，承诺除非出于公共政策目的，否则不直接或间接征用外资，保证与投资相关的资金以自由可兑换货币形式及时转移，对国家与投资人之间发生的争议通过协商、谈判和国际仲裁程序解决，避免与外国投资相关的双重征税。其 2016 年外资政策鼓励包括交通、通信、水利、电力等重点领域，且亚美尼亚当前积极推进国有企业私有化，能将铁路、航空、电信、电力及能源等领域的管理权转让，实施全面的外资开放政策。在亚美尼亚最新的发展规划中强调了未来五年的建设目标，包括：在亚美尼亚境内建立统一的公路客运路线网络、改良道路经济管理系统以提高道路质量及安全性、确保通信部门基础设施持续更新、提高邮政网络基础设施的效率。

从中国政策视角来看，《意见》强调了在推进国际产能合作的过程中提高企业“走出去”的能力和水平，通过发挥企业市场主体作用、拓展对外合作方式、创新商业运作模式、提高境外经营能力和水平、规范企业境外经营行为等举措，进一步强化中国对外直接投资的能力。除此之外，亚美尼亚近年的发展规划、鼓励外资进入的行业与我国“一带一路”倡议以及构建对外开放新格局的内涵高度契合。

二、友好互动的双边经贸政策

自独立以来，亚美尼亚实施自由的对外贸易管理体制，外贸经营权实行登记备案制，手续比较简便。所有经济实体在进行工商注册登记时，如章程上列有外贸业务，并在有关部门办理登记和领取营业执照后，到企业所在辖区海关登记备案即可从事对内对外经济贸易活动。除少数商品受许可证、配额等限制外，其余商品均放开经营。

进口管理方面，除健康、安全和环境因素外，亚美尼亚的大部分进口商品无须审批、配额或许可证。进口商品实行0和10%两种税率，其中对生产资料的进口实行零税率，对消费类商品实行10%税率。所有进口商品征收20%增值税，对烟草和酒精饮料征收消费税。进口商品没有数量、额度和许可证限制。在出口管理方面，出口商品一律不征税，无任何许可证要求限制。

亚美尼亚在新的政府计划中强调了寻求新的贸易市场，将对外贸易放在十分重要的地位，认为扩大出口以及进入外部市场，是实现强劲经济增长的必经之路。更高的出口不仅有利于经济增长及促进就业，还有利于促进世界一体化进程，提高亚美尼亚的国际形象以及促进文化及科技的发展，提高国内产能。因此，亚美尼亚政府的目标是增加经济实体进入国外市场的机会，实现出口的实质性增长和国家竞争力的提升。

从中国政策视角来看，国务院印发的《意见》指出，将与我国装备和产能契合度高、合作愿望强烈、合作条件和基础好的发展中国家作为重点国别，并积极开拓发达国家市场，以点带面，逐步扩展。将钢铁、有色、建材、铁路、电力、化工、轻纺、汽车、通信、工程机械、航空航天、船舶和海洋工程等作为重点行业，分类实施，有序推进，寻求新的海外贸易市场。中国、亚美尼亚均具有较强的经贸合作意愿与积极的对外贸易政策。且在2016年8月，中国—亚美尼亚政府间经贸合作委员会第九次会议围绕经贸合作中的基础设施、农业、能源、信息技术和创新、航空合作、联合组织商务论坛、展会和博览会等议题广泛交换了意见。

三、有效对接的资金融通政策

从中国政策视角来看，《意见》指出要充分发挥政策性银行和开发性金融机构的积极作用，通过银团贷款、出口信贷、项目融资等多种方式，加大对国际产能和装备制造合作的融资支持力度。鼓励商业性金融机构按照商业可持续和风险可控原则，为国际产能和装备制造合作项目提供融资支持，创新金融产品，完善金融服务。鼓励金融机构开展PPP项目贷款业务，提升我国高铁、核电等重大装备和产能“走出去”的综合竞争力。鼓励国内金融机构提高对境外资产或权益的处置能力，支持“走出去”

企业以境外资产和股权、矿权等权益为抵押获得贷款，提高企业融资能力。加强与相关国家的监管协调，降低和消除准入壁垒，支持中资金融机构加快境外分支机构和服务网点布局，提高融资服务能力。加强与国际金融机构的对接与协调，共同开展境外重大项目合作。

从亚美尼亚资本需求角度看，亚美尼亚对外资依赖程度较高。中国积极的对外资金融通政策将较好地契合亚美尼亚的资金需求。此外，据《对外投资合作国别（地区）指南亚美尼亚（2017 年版）》指出，中国金融机构在亚美尼亚没有分支机构，未来双方可据此开展进一步的合作磋商。

第四章

中国与亚美尼亚可开展的主要产能合作领域

改革开放以来，中国通过对外开放和产业转移带动一大批企业“走出去”，这也为中国与亚美尼亚的产能合作提供了丰富的经验和路径参考，而“一带一路”倡议则为中国和亚美尼亚开展产能合作提供了新的机遇和平台。中国与亚美尼亚在产能合作领域有着巨大的合作动力和广阔的合作空间，中国在推进供给侧改革和化解过剩产能的大背景下，需要对外转移部分产业，而亚美尼亚推进工业化和现代化的过程中也需要引进部分资本、技术，可以说，双方均有许多有利于合作的基础和动力因素。近几年来，随着中国与亚美尼亚政治互信的加深，两国开展产业合作的政治基础得到强化，部分中国企业已经开始在亚美尼亚进行投资，并在一些项目上取得了初步成果。尽管现有投资规模较小，但却为中国与亚美尼亚开展更大范围和更高层次的产能合作奠定了基础。相信在“一带一路”倡议的引领下，未来中国与亚美尼亚双方将基于自身的要素禀赋、比较优势和发展需求，在更多的领域携手合作、互利共赢。

第一节　中国与亚美尼亚农业合作

为达到粮食自给率不低于75%和农业生产总值年增长速度不低于5%的目标，《亚美尼亚政府工作计划（2017－2025）》中明确提出，要把农业作为政府重点支持的领域之一。其中，尤其要突出对农产品加工、农业基础设施、农业技术研发和推广等方面的支持。尽管中国在农业方面的对外投资起步较晚，但由于中国政府对农业的积极投入和政策支持，农业生产技术得到快速发展，农业资本不断积累，农业地位和农业开放度不断上升，目前，我国农业对外开放已基本形成“宽领域、多层次”的合作局面。鉴于我国在部分农产品上与亚美尼亚具有互补性，以及我国在资金和技术上的优势，未来我国与亚美尼亚在农业领域的合作，一方面可以在现有农产品贸易的基础上进一步扩大贸易规模；另一方面可以围绕亚美尼亚的农业特色产业和亟须发展的农业领域，在农业资本和技术上加强与亚美尼亚的合作。

一、农业领域的主要合作模式

（一）农业贸易合作模式

农业贸易合作模式主要包括两个方面，一是农产品贸易，二是农机设备、节水灌溉设备、农药及化肥贸易。农产品贸易是国际农业交流与合作的一个最基本、最重要的内容。由于中国与亚美尼亚在资源禀赋和农业生产结构上存在差异，从而在农业贸易中具有一定的互补性。由于农业贸易的方式具有多样性，因此，双方从传统农产品贸易、转口贸易到新型生态农业旅游贸易均有一定的合作空间。近年来，国际农业贸易合作处于快速上升趋势。农机设备、节水灌溉设备、农药及化肥贸易可以充分发挥中国涉农工业生产的相对优势。鉴于亚美尼亚现有农业生产资料的制造水平相对落后，中国农业企业可在当地开展该类产品的贸易或开设窗口进行销售、推广和维修保养。

（二）农业加工基地型合作模式

加工基地型的合作模式就是在亚美尼亚建立农业合作园区，对农产品进行深加工。中国商务部对合作园区的定义如下：“企业开展境外经济贸易合作区建应根据境外投资有关规定，在境内完成国家对外投资备案或核准手续，取得商务主管部门颁发的《企业境外投资证书》，并在境外依据东道国法律完成相关登记注册手续，成立合作区建区企业。建区企业通过购买或租赁的方式获得土地，完成完备土地法律手续。建区企业应对园区建设运营、产业定位制订清晰的规划，完成园区所需的水、电、路等基础设施建设，并制定清晰的针对入区企业的服务指南，吸引企业入区开展投资生产。”

（三）农业资源开发型合作模式

农业资源开发型的合作模式是指中国企业在亚美尼亚境内通过租赁或购买土地的方式，进行农业种植和养殖等活动，通过销售初级农产品获利的农业经济行为。由于开展该类模式所需的资金和技术门槛较低，目前农业资源开发型的投资主体以小型的民营企业为主，参与企业主要经营粮食、蔬菜、水果、茶叶等农作物种植以及畜牧业养殖。

（四）农业合作试验区模式

农业合作试验区是农业技术合作与贸易、投资相结合的一种综合的创新模式，其主要思路是按照“优势互补、互惠互利、共同发展”的原则，着眼于双方农业产业发展与合作，把农业合作实验区建成引进农业资金、技术、设备、人才和先进管理方法的农业示范区、鲜活农产品及加工品的出口基地、合作双方拓展国际农产品贸易市场的协作区。

二、中国与亚美尼亚农业合作领域及模式选择

亚美尼亚地处高原地区，面临多山、人均可耕地面积不足的状况，其人均耕地面积仅为独联体国家人均耕地面积的1/4，这种先天的粮食生产劣势制约着亚美尼亚的粮食生产。因此，对于亚美尼亚而言，在农业方面，除通过粮食进口满足国内粮食需求以外，一方面，尽可能规避自然条件所带来的劣势，通过走农业集约化的发展道路，着力通过发展果蔬和肉类产品加工、酿酒、饮料及乳制品加工等现代农业来提升农产品附加值；另一方面，通过引入先进农业生产设施、农业机具和农业生产技术来改造和补充现有生产条件，从而提升农业现代化水平。

（一）农产品加工业

农产品加工业是亚美尼亚农业领域中十分重要的部分，其中，果蔬、肉类加工和酿酒业是亚美尼亚农业领域中的传统产业和支柱产业。由于普遍缺乏现代化的生产设施和技术条件，当前亚美尼亚的农产品加工业产能不足，效率低下，从而导致农产品的附加值较低，农民的收入水平难以提升。目前，为提升农业附加值，亚美尼亚政府应十分注重对农产品加工行业的支持。

1. 果蔬和肉类加工业。

亚美尼亚的蔬果类经济作物主要有葡萄、石榴、杏、桃、樱桃、西红柿等，其畜牧业出产的肉类主要有牛羊肉、家禽和淡水鱼类等。2016 年，农产品加工业占亚美尼亚农业产值的 26%，从事农产品加工业的企业约 1600 家，主要为中小企业，从业人员约有 1.8 万人①。目前，亚美尼亚的农产品加工业的产业链尚不成熟，在加工、运输、保鲜、储藏等多个关键环节的技术水平发展滞后，缺乏机器设备，使得出现加工品种单一、产能不足、品质和效率不高等问题。

在农产品加工领域，我国企业可以采取的产能合作模式主要有两方面：一是加工基地型合作模式，二是农业合作试验区模式。这两种合作模式均涉及农业领域的对外直接投资业务，其中包括绿地投资、兼并、参股等形式。由于绿地投资风险较大，投产前期需要经历前期选址、勘探、设计和建设等大量工作，投资成本高，回收期限长，因此，只有具备雄厚资金、技术和管理实力的跨国企业可以实现。对于有合作意向的普通中小企业而言，可以通过参股或合资并购的方式参与农业领域投资。通过在亚美尼亚投资农产品加工业，一方面，可以有效带动当地就业，提升亚美尼亚农产品的附加值，切实帮助当地农民增收；另一方面，可以以亚美尼亚为支点，将农产品打入亚美尼亚传统的出口市场，如欧盟、东欧、俄罗斯和伊朗等，帮助我国农业企业开拓国际市场。

---

① 资料来源：《亚美尼亚农业发展概况》［EB/OL］. 中华人民共和国驻亚美尼亚共和国大使馆经济商务处（http：//www. mofcom. gov. cn/article/i/dxfw/ae/201601/20160101232520. shtml）。

2. 酿酒业。

酿酒业是亚美尼亚传统而富有特色的农业产业，亚美尼亚具有古老而悠久的葡萄酒酿制工艺，其酿制工艺成熟，产品的口感醇厚甘冽，其知名的酒类品牌包括 Areni、Karas、Karasi 等。亚美尼亚共和国属于高原内陆国，国土跨越北纬 40 度线，全年光照时间超过 300 天，独特的气候条件造就了亚美尼亚优质的酿酒资源。亚美尼亚葡萄主产区包括阿拉拉特州、阿尔马维尔州、瓦约茨佐尔州等，葡萄种植面积为 17300 公顷，其中阿拉拉特州和阿尔马维尔州的葡萄产量占总产量的 83%。目前，亚美尼亚种植的葡萄除少部分用于国内零售和出口外，80% 以上的葡萄用于酿制白兰地和葡萄酒，其中 92% 用于生产白兰地，8% 用于生产葡萄酒。目前，酿酒业已成为亚美尼亚出口创汇的重要行业之一。

随着中国经济的快速发展，国民对葡萄酒的消费日趋增加，中国酿酒葡萄的产量有限，不能满足国内葡萄酒产业的需求。为适应国内葡萄酒行业的发展，满足中国消费者对优质生活的追求，我国同行业的企业可以在“一带一路”框架下探索与亚美尼亚在酿酒行业的合作。在该行业，中国与亚美尼亚可开展的农业合作模式主要有以下几种：一是农产品贸易合作模式，二是农业加工基地型的合作模式，三是农业资源开发型的合作模式 + 加工基地型的合作模式相结合。第三种农业合作模式可以有效控制葡萄育种、种植、采摘、运输和加工等环节，因此，这种模式的合作既有利于把控葡萄生产源头及其品质，也有利于深化中国与亚美尼亚双方在葡萄酒领域的产能合作。

从参与合作的主体看，目前，我国大型的葡萄酒生产企业可以通过参股或收购当地农场以控制原材料的供应，同时还可通过绿地投资或参股的方式在亚美尼亚设立酿造工厂和销售企业，从而在该行业形成对原材料供应、酿造和销售的全产业链控制。对中小企业而言，由于技术或资金实力不强，适宜通过贸易、参股当地酿酒企业等方式开展产能合作。

（二）农业现代化领域

亚美尼亚国土面积狭小，农业生产技术落后，现有农作物单产水平较低，农业生产率提升缓慢，国家的粮食短缺问题十分严重，由此而导致其粮食和多种农产品基本依赖进口。目前，亚美尼亚政府对改进农业生产条件和保障粮食安全有强烈诉求。为此，亚美尼亚对粮食作物培育技术、动物育种技术、农机设备以及农业基础设施的现代化改造方面持欢迎态度。

1. 农业生产设施方面。

自改革开放以来，中国政府不断增加对农业的支持，农业基础设施获得长足的进步，农业生产力提升明显。在以往的农业对外合作中，尤其是与较不发达国家的合作，我国普遍采取的是农机设备援助、农业基础设施援建或两者兼具的方式，并以此带动中国企业参与受援国的贸易、投资和工程建设领域。基于此，我国可以借鉴已有的农业援助方式推动亚美尼亚农业生产方式和农业基础设施的现代化改造。其中，在农业基础设施的改造中，由于投资巨大、建设周期长，可以参照“中国国家开发性金融机构提供融资 + 当地政府提供主权担保 + 中国工程企业承建”的模式，在带动中国企业“走出去”的同时，也可有效降低项目的风险。

2. 农业技术方面。

在农业技术方面，中国可以从政府和企业两个层面开展合作。在政府层面，首先与亚美尼亚共同搭建双边农业合作制度框架，在此基础上，由我国政府向亚美尼亚出资援建农业技术工作站、农业科技研究中心、农业试验区等，并派遣有关作物育种、农田水利、病虫害防治、畜牧和水产等方面的专家与技术人员实地指导，传授相关的农业技术。在企业层面，可以在政府双边合作框架下向亚美尼亚出口种苗、轻便农业机具、化肥、农药等产品。同时，有技术实力的企业也可以在亚美尼亚单独设立或与当地企业联合设立农业技术研发基地，一方面，为中国母公司的农业技术或设备在当地的推广进行适应性改进；另一方面，中国企业可以在当地进行原创性研发，开发出符合当地生产需求的农业技术或设备。

第二节　中国与亚美尼亚基础设施领域合作

广义上来看，基础设施是指为居民提供公共服务的物质工程设施，用于保护国家或地区社会经济活动正常进行的公共服务系统，包括交通运输、水电服务、商业服务、园林绿化、教育卫生等多个领域。自“一带一路”倡议提出以来，中国便将与沿线国家的基础设施互联互通视作“一带一路”建设的优先领域①，中国资本已经投入到沿线国家相关领域，并逐步发挥作用。完善的基础设施对加速社会经济活动，促进其空间分布形态演变有重要推动作用，建立完善的基础设施对于亚美尼亚经济发展有着重要意义。目前，中国与亚美尼亚在科教文卫等领域的公共服务合作依托于两国间国际人才交流、两国间文化节的举办、孔子学院的建立等已取得重大进步。而在交通运输领域、能源动力领域、电子通信领域的合作还需进一步加强。当前双方亟待进行的是明确中国与亚美尼亚开展基础设施的合作基础，并依托于国际通行的基础设施合作模式，探索中国与亚美尼亚基础设施领域的合作模式。

一、中国与亚美尼亚基础设施领域的合作基础

从中国本身来看，中国推动与亚美尼亚的基础设施合作存在三大比较优势。一是中国基础设施建设能力强大。中国钢筋、水泥等基础设施建设原材料生产能力超过世界一半，同时还培养了全球最具竞争力的基础设施建设队伍。二是中国基础设施建设长期资金充足。中国拥有巨额的外汇储备，充足的外汇储备可以为中国对亚美尼亚基础设施投资提供种子基金，从而进一步带动其他基金和商业性贷款的投入，为中国和亚美尼亚基础设施的合作提供充足的资金来源。三是两国的发展理念与思路吻合。同为发展中国家，中国经验可以为亚美尼亚提供更多有借鉴价值的参考，并为其带来新的发展机遇。

从亚美尼亚来看，首先，由于具有刚性的财政约束，基础建设投资支出不足；其次，境内基础设施覆盖率有限，相关指标如人均公路里程、人均铁路里程等指标偏低，存在较大发展空间；最后，亚美尼亚政府机构也在积极推进与中国合作，以促进其境内基础设施建设，政治上的互信合作

① 《“一带一路”规划全文发布：基础设施建设优先》，新华网（http://www.xinhuanet.com/），2015-03-28。

可以有效促进两国间的基础设施合作。

总体来看，中国与亚美尼亚进行基础设施建设存在坚实可靠的合作基础，加强两国在基础设施产业的合作，既是契合亚美尼亚国情和实现可持续发展的必然要求，也是中国与亚美尼亚的共同愿望。

二、基础设施合作基本模式

（一）私人组织参与的基本模式

目前，以私人参与为主的基础设施合作模式主要有：工程总承包（EPC）模式、项目管理承包（PMC）模式、设计—建造（DB）模式、平行发包（DBB）模式、施工管理承包（CM）模式。

1. 工程总承包（EPC）模式。

工程总承包（engineering procurement construction）模式，又称设计、采购、施工一体化模式，是指在项目决策阶段以后，从设计开始，经过招标，委托一家工程公司对设计—采购—建造进行总承包。在这种模式下，按照承包合同规定的总价或可调总价方式，由工程公司负责对工程项目的进度、费用、质量、安全进行管理和控制，并按合同约定完成工程。

2. 项目管理承包（PMC）模式。

项目管理承包（PMC）模式，即项目管理承包（project management consultant），指项目管理承包商代表业主对工程项目进行全过程、全方位的项目管理，包括进行工程的整体规划、项目定义、工程招标、选择 EPC 承包商，并对设计、采购、施工、试运行进行全面管理，一般不直接参与项目的设计、采购、施工和试运行等阶段的具体工作。

3. 设计—建造（DB）模式。

设计—建造模式（design and build），在国际上也称交钥匙模式（turn-key-operate），在中国称为设计—施工总承包模式（design-construction），它是在项目原则确定之后，业主选定一家公司负责项目的设计和施工，这种方式在投标和订立合同时是以总价合同为基础的。设计—建造总承包商对整个项目的成本负责，避免了设计和施工的矛盾，可显著降低项目的成本和缩短工期。

4. 平行发包（DBB）模式。

平行发包（DBB）模式，即设计—招标—建造模式（design-bid-build），指由业主委托建筑师或咨询工程师进行前期的各项工作（如进行机会研究、可行性研究等），待项目评估立项后再进行设计。在设计阶段编制施工招标文件，随后通过招标选择承包商；而有关单项工程的分包和设备、材料的采购一般都由承包商与分包商和供应商单独订立合同并组织实施。

5. 施工管理承包（CM）模式。

施工管理承包（CM）模式（construction management approach），又称"边设计、边施工"方式。分阶段发包方式或快速轨道方式，CM 模式是由业主委托 CM 单位，以一个承包商的身份，采取有条件的"边设计、边施工"，着眼于缩短项目周期，也称快速路径法，即以"fast track"的生产组织方式来进行施工管理，直接指挥施工活动，在一定程度上影响设计活动，而它与业主的合同通常采用"成本 + 利润"的承发包模式。此方式通过施工管理商来协调设计和施工的矛盾，使决策公开化。

（二）政府和私人组织共同参与的基本模式

目前，基础设施领域中常见的公私合作模式主要有 BOT 模式和 PPP 模式。

1. BOT 模式。

BOT 模式是"build-operate-transfer"的缩写，意为"建设—经营—转让"，是私营企业参与基础设施建设，向社会提供公共服务的一种方式。我国一般称其为"特许权"，是指政府部门就某个基础设施项目与私人企业（项目公司）签订特许权协议，授予签约方的私人企业承担该基础设施项目的投资、融资、建设、经营与维护。在协议规定的特许期限内，该私人企业向设施使用者收取适当的费用，由此来回收项目的投融资，建造、经营和维护成本并获取合理回报；政府部门则拥有对这一基础设施的监督权、调控权。

2. PPP（public-private-partnership）模式。

PPP（public-private-partnership）模式是指政府与私人组织之间，为了提供某种公共物品和服务，以特许权协议为基础，彼此之间形成一种伙伴式的合作关系，并通过签署合同来明确双方的权利和义务，以确保合作的顺利完成，最终使合作各方达到比预期单独行动更为有利的结果。公私合营模式（PPP），以政府参与全过程经营的特点受到国内外广泛关注。该模式将部分政府责任以特许经营权的方式转移给社会主体（企业），政府与社会主体建立起“利益共享、风险共担、全程合作”的共同体关系，政府的财政负担减轻，社会主体的投资风险减小。作为一种市场化的公共产品和服务供给方式，PPP 模式能够在基础设施领域发挥社会资本的资金、技术、管理和运营优势，并以此缓解政府财政压力，弥补投资不足，同时提高基础设施供给效率和质量。

三、中国与亚美尼亚基础设施合作领域及模式选择

（一）交通运输基础设施合作

交通运输领域的基础设施合作主要包括公路、铁路、航空运输和物流业等方面基础设施的合作，以及与通路通航相关的设备整机合作，其合作重点在于抓住交通基础设施的关键通道、关键节点和重点工程，优先打通缺失路段，畅通瓶颈路段，配套完善道路安全防护设施和交通管理设施，提升道路的通达水平和管理效率。

亚美尼亚对铁路、地方公路以及航空业存在巨大的需求。初期来看，中方和亚美尼亚政府已搭建了很好的平台，中国企业和金融机构赴亚美尼亚投资积极性也越发高涨。在这种背景下，政府部门导向作用非常重要。所以当前来看，公私合营模式（PPP）即政府参与引导民间资本流入十分重要，同时，政府参与还能够加强对工程合作风险的防范和化解能力，减少企业风险，这对于中国和亚美尼亚的初期合作有重要意义。随着未来合作的逐步深入，我国将契合亚美尼亚国家需求，合作共建海陆空全面运输渠道，实现交通运输互联互通，完成交通运输基础设施建设合作的主要发

展目标；逐步遵循市场经济规律，实现企业、社会、政府三者良性互动的合作方式，完善中国企业在亚美尼亚开展基础设施建设的合作模式。

（二）能源及矿产基础设施合作

在能源及矿产基础设施方面，由于能源和矿产资源开发的产业链较长，投资规模巨大，中国与亚美尼亚双方可以采取产量分成、联合经营、技术服务等方式，加大在资源勘探、设施建设、开发、加工及运输等环节对资源能源富集区的投资，积极拓展与中部、北部和东南部地区矿产企业的合作渠道。

就具体模式选择而言，从初期来看，增强亚美尼亚国内对我国工程企业的好感和信任，争取更多的合作机会十分重要，中国工程企业在合作前期应主要以加强联系为目的，除传统的 EPC 模式以外，还可以选择施工管理承包（CM）模式或者平行发包（DBB）模式。在这些模式下，我国企业可以承担总工程的一部分业务，并以此打开合作市场，赢得未来更多的合作机会。从长期来看，建议企业可以采取传统和创新模式相结合的方式，即向项目建设 + 后期运营管理的方向拓展。鼓励银企深度合作，广泛地探索 PPP、BOT 等项目融资模式，积极引入包括主权财富基金、保险基金等参与融资，引入融资担保。

（三）信息通信基础设施合作

亚美尼亚作为“一带一路”沿线国家，随着我国与亚美尼亚深度的互联互通，通信基础设施建设需要满足更高的要求，这为中国通信基础设施企业参与对外合作提供了更为广阔的市场。中方企业应利用中国在互联网、物联网等领域的技术优势，在通信基础设施方面开展合作，同时可以利用亚美尼亚“同盟”自由经济区和 AJA Holding 自由经济区的政策便利，组织行业内有实力的企业“走出去”寻找更广阔的合作商机。

从初期来看，中国与亚美尼亚在信息通信基础设施方面应该以加强交流为主，选择施工管理承包（CM）模式或者平行发包（DBB）模式，鼓励中国有资质和实力的电信企业参与当地的电信基础设施的建设和改造业务。从长远看，中国—亚美尼亚信息通信领域的基础设施合作应积极进行转型升级，由传统模式逐步向特许经营和PPP等商业和融资模式转变。但这种转型升级应建立在中国与亚美尼亚合作积累的基础上，不仅以中方在信息通信基础设施建设领域高性价比的技术、设备和丰富经验为基础，也必须依赖亚美尼亚成熟的商业氛围和双方的互信互利。

第三节　中国与亚美尼亚能源行业合作

一、中国与亚美尼亚能源领域的合作基础

（一）核能领域

1991年苏联解体后，亚美尼亚的经济困难和能源短缺，促使亚美尼亚新政府重新启动位于南高加索地区唯一的核能发电厂——米沙摩尔核电站。由于这是一座历史遗留的苏联时代老旧核电站之一，没有安全隔离壳设计，并且位于地震带上，已经接近当年的设计使用年限，容易引发安全问题，1989年由于发生地震而使得该核电站被迫中断运营，1993年重新开启。目前，该核电站仅有第二号机组正常运营，2016年该机组供应亚美尼亚总电量的31%——净电量为2.2太瓦时。为摆脱对俄罗斯的能源依赖，并实现能源结构的转型升级，21世纪以来，亚美尼亚开始重视对核能等新能源的利用。2007年，亚美尼亚采取了一项新的能源战略，重点是通过核能以及可再生能源的使用实现供应安全。2018年，亚美尼亚政府计划在米沙摩尔核电站新建第三号发电机组，该机组预计于2026年投入使用。由于目前亚美尼亚核能发电量未能满足工业和社会需要，在建核电站尚未投入使用，见表4-1，使得亚美尼亚在发展核能领域仍存在较大的潜力。

表 4－1　　亚美尼亚运行和计划中的核动力反应堆

核反应堆	型号	净容量	状态	首次运行时间（年）	计划关闭时间（年）
第二机组	VVER－440	376MWe	运行中	1980	2026
第三机组	VVER－1000	1060MWe	计划中	预计 2026 年	—

资料来源：前瞻产业研究院（https：//www. qianzhan. com/analyst/detail/220/180425 － ce23adf6. html）。

我国核电从 20 世纪 70 年代初开始起步。截至 2018 年 5 月，中国在运营的核电机组 38 台，建成规模位列世界第四，在建核电机组规模位列世界第一，核电在中国已进入规模化发展的新时期。2010～2017 年，我国核电发电量不断增长，核电发电量占全国发电量比例逐年上升，并于 2017 年达到 3. 94％。截至 2018 年 4 月，我国已运营核电机组 38 台，装机容量为 3680. 8 万千瓦。2018 年，在建核电机组 18 台，预计装机容量将达到 2101 万千瓦，其中，中广核集团在建核电机组 8 个，装机容量为 48. 81％，占比最高[①]。中国核电已具备了加快发展的条件。2007 年，国务院发布了《核电中长期发展规划（2005－2020 年）》，确定到 2020 年核电运行装机 4000 万千瓦、在建 1800 万千瓦的发展目标。随着规划目标的逐步推进，在国家能源总体战略框架下，国家能源局正在研究调整中长期规划，加快沿海核电发展，积极推进内陆核电项目。

（二）可再生能源领域

目前，亚美尼亚的油气资源匮乏，石油和天然气长期依赖于从俄罗斯进口。为保障能源需求及摆脱对俄罗斯的长期能源依赖，亚美尼亚政府十分重视对可再生资源的开发和利用。从政策层面上看，亚美尼亚政府对可再生能源提供政策支持的分别有水电、风能、地热以及太阳能。其中，水电是重点支持领域，从 2001 年颁布《能源法》开始，亚美尼亚就将水电

① 资料来源：前瞻产业研究院（https：//www. qianzhan. com/analyst/detail/220/180425 － ce23adf6. html）。

放在了突出的地位，当前，亚美尼亚的水电行业已具有了一定的基础，并初步实现电力出口，但在发电技术以及产能上仍有较大的提升空间。其他新兴的可再生能源如太阳能、风能和地热能源等近年来也有所发展，但由于行业发展起步晚，资金和技术缺乏，尽管其境内的水电、太阳能、风能等可再生能源十分丰富，但还未能形成规模化的开发，见表4-2。

表4-2　亚美尼亚可再生能源的技术潜力

技术	容量（MW）	产能（GWh/yr）
公共事业规模的光伏能源	830~1200	1700~2100
聚集太阳能（CSP）	1200	2400
太阳能光伏	1300	1800
太阳能热	200	260
风能	300	650
地热	不低于150	不低于1100
垃圾填埋气	2	20
小型水电	100	340
沼气	5	30
生物质能源	30	230
总电力	3800~4300	7400~8700
地热	3500	4430
总热力	3700	4690

资料来源：根据亚美尼亚能源与自然资源部资料整理（http://www.minenergy.am/en）。

我国作为能源消费大国，目前正面临着弥补能源缺口和推动能源消费转型的双重压力，可再生能源作为新型能源，对于替代传统化石能源和补充能源供应具有重要作用。近年来，在国家能源战略的推动下，可再生能源快速发展，其中，水电、光伏、地热等领域不断实现技术创新，并在能源开发与利用上取得显著成效。截至2017年底，我国可再生能源发电装机达到6.5亿千瓦，同比增长14%。其中，水电装机3.41亿千瓦、光伏发电装机1.3亿千瓦（光伏电站10059万千瓦、分布式光伏2966万千瓦）①，清洁能源替代作用日益突显②。基于中国和亚美尼亚双方对可再生能源领域共同的发展需求，未来双方可在该领域探索相应的合作模式推进合作。

二、能源领域的主要合作模式

（一）PPP合作模式

PPP（public-private-partnership）模式，又称公私合营模式，是指政府与私人组织之间，为了提供某种公共物品和服务，以特许权协议为基础，彼此之间形成一种伙伴式的合作关系，并通过签署合同来明确双方的权利和义务，以确保合作的顺利完成，最终使合作各方达到比预期单独行动更为有利的结果。PPP模式是建立在契约基础上的合作伙伴关系，从世界银行对PPP的分类来看，主要包括外包类、特许经营权类、私有化类三个体系分类，广义上看，PPP也包括传统的BOT、BT、TOT等模式。

（二）“设计—采购—施工（EPC）”总承包模式

该模式作为当前外援项目合作的一种新型做法，旨在满足特定外援项目的实施要求，发挥一揽子承包在统筹设计、采购、施工各环节方面的独特优势，创新实施方式，提高管理效率。该模式是指商务部在完成成套项目立项程序，审定项目方案设计和技术任务书并经受援国确认后，将成套项目的设计、采购和施工交由一家企业总承包的实施管理模式。目前，该模式适合于新能源领域项目、生产型项目、基建项目、环境保护项目以及设备安装项目。

（三）“保险＋投资＋出口”模式

该模式下中国企业在境外开展直接投资（含绿地投资、兼并和参股）

① 资料来源：亚美尼亚能源与自然资源部官方网站（http：//www. minenergy. am/）。

② 《我国可再生能源发电装机达6.5亿千瓦同比增14%》［EB/OL］. 国家能源局，2018－01－24（http：//www. nea. gov. cn/2018－01/24/c_136920163. htm）。

以及中国企业向海外出口大型成套设备和相关技术时，中国出口信用保险机构为中国对外投资企业及出口企业因东道国发生的汇兑限制、战争及政治暴乱、违约等政治风险造成的经济损失提供中长期风险保障。该模式有利于巩固和加强我国与他国的双边项目合作，对实现我国与东道国互利双赢、共同繁荣具有重要作用。

三、中国与亚美尼亚能源合作领域及模式选择

（一）核电领域

目前，核能同时作为亚美尼亚与中国在新能源领域的发展方向，一方面，亚美尼亚现有的生产设备老化，核能发电规模有限，亟须引入外部投资者参与对境内核电站的改造和建设；另一方面，中国在核能发电领域积累了多年的发展经验，核能发电技术成熟，核电设备处于世界领先水平，由此可见，两国在核能发电领域具有较大的合作空间。2015 年 3 月，中国与亚美尼亚能源部门共同签署了《中国国家能源局与亚美尼亚能源与自然资源部关于核电项目合作的谅解备忘录》。鉴于两国就核电领域达成的合作共识，中国与亚美尼亚两国可在“一带一路”倡议框架下对双方的核电合作探索相应的合作模式与道路。从目前国际上较成熟的核电领域合作模式看，在核电基础设施领域，中国与亚美尼亚双方可采取“设计 - 采购 - 施工（EPC）”的总承包模式、BT 模式等开展工程建设合作；在核电运营领域，双方可采取 BOT 模式、“保险 + 投资 + 出口”模式等，其中，“保险 + 投资 + 出口”模式可结合中国出口信用保险机构在跨国能源投资领域的相关服务，切实保障中方在项目中的投资风险。

（二）水电领域

亚美尼亚中部具有丰富的水电资源，但是主要以小水电开发为主，水电开发程度和开发效率不高。截至 2016 年底，亚美尼亚共有 178 家小型水电站，总装机量 328 兆瓦，年产量为 9.57 亿千瓦，当年小型水电站发

电量仅占全国总发电量的13%①。由于亚美尼亚政府对水力发电领域的高度重视，加之中国水电开发技术成熟，相关建设管理经验丰富，在双方构建起合作框架的情况下，中国可借助PPP合作模式参与亚美尼亚水电站项目的建设，也可采取“设计－采购－施工（EPC）”总承包模式在亚美尼亚援建水电项目。该两种模式在提高亚美尼亚水电开发能力和开发效率的同时，还可促成中国水电技术、设备和劳务的输出。

（三）太阳能发电领域

亚美尼亚具有较大的太阳能发电潜力，平均每年每平方米可获得的太阳能照射量为1720千瓦时（欧洲地区的平均指标为1000千瓦时），其中，塞万湖地区每年太阳光照时长高达2800小时②。一直以来，亚美尼亚严重依赖俄罗斯的铀和进口天然气来运行其核电站和热电厂。为充分利用境内的太阳能资源，以实现发电能源的多元化，亚美尼亚计划在南高加索建设全国首座太阳能电站。鉴于中国是世界最大的太阳能电池组件生产国，技术先进，设备成本低，亚美尼亚是新能源特别是太阳能资源应用条件比较合适的地区之一，中国与亚美尼亚在太阳能领域具有较为广阔的合作前景。由于太阳能光伏发电领域所需的投资规模大，建设周期长，为尽可能规避由于周期过长所面临的风险，中国光伏企业可通过PPP模式或“保险＋投资＋出口”模式参与亚美尼亚的太阳能光伏发电项目。基于该两种方式，中国企业可对亚美尼亚开展太阳能光伏发电投资及出口发电设备和生产技术，为亚美尼亚太阳能发电市场发展提供资金、设备和技术支持时，也可更好带动中国光伏产能“走出去”。

从亚美尼亚政府在能源领域采取的合作开发模式看，其更多的是采用PPP（public-private partnership）模式。该模式主要是通过吸引私人投资者参与到能源项目的建设、运营之中，以解决政府开发资金不足、开发经验和技术落后等问题。近几年，亚美尼亚与欧洲复兴银行、世界银行等机构

---

① 《亚美尼亚小型水电站发电量占比达13%》［EB/OL］. 中华人民共和国驻亚美尼亚共和国大使馆经济商务处（http：//www. mofcom. gov. cn/article/i/jyjl/e/201702/20170202523556. shtml）。

② 资料来源：亚美尼亚能源与自然资源部官方网站（http：//www. minenergy. am/）。

合作均采取了PPP的合作模式，较好地解决了部分技术、资金以及安全生产等问题。出于多种原因，见表4-3，近年来，亚美尼亚政府较为倾向于采用PPP的合作模式进行能源领域合作。

表4-3　亚美尼亚政府能源部门倾向于使用PPP模式的主要原因

序号	原因
1	政府和更广泛的经济体在进行PPP项目合作时的经济收益相对于传统公共部门项目更为清晰
2	通过PPP，经济体或者有效实体更有机会通过共同设计、施工、运营和维护而更紧密地结合在一起
3	产出可预期，因此利益相关者更容易达成共识；此外，产出能够得到更为准确的监控
4	PPP协议的设计比较完整，不会留下很多不确定性
5	项目的潜在风险能被更好地理解，并能够更清晰地分配。同时，合同也包括处理这些风险后果的相关机制
6	能源部门的技术以及其他相关方面相对稳定（例如，合同大多不需要根据环境的变化而作出适应性调整）
7	项目不需要短期及中期的灵活性，因此，一个长期的合同可以在不需要周期性谈判的情况下稳定执行
8	私人部门拥有必要的方法、技术以及管理的能力和专业知识，并在大多数情况下能对项目提供必要的可用资金。同时，在这类项目中，私人部门的执行能力及创新能力优于公共部门，这些特性也更容易吸引私人融资
9	PPP竞标可带来更强、更合适的合作伙伴

资料来源：亚美尼亚政府官方网站（http：//www. gov. am/en）。

目前，亚美尼亚的PPP项目总计9个，总投资额达12.79亿美元①。在2017年11月公布的《关于亚美尼亚共和国政府和社会资本合作的政策声明》中，亚美尼亚鼓励天然气、电力和供热相关的能源使用PPP的方式。在能源领域，以PPP的方式进行产能合作，有效引进外部投资者以解

① 资料来源：亚美尼亚PPP研究中心（https：//pppknowledgelab. org/countries/armenia）。

决国内资金不足和能源技术落后等问题，对于亚美尼亚实现国家能源安全及其战略规划有着重要的意义，是亚美尼亚走向能源独立、摆脱对俄罗斯能源依赖的重要途径之一。

第四节　中国与亚美尼亚矿产行业合作

一、中国与亚美尼亚矿产领域的合作基础

亚美尼亚的金属矿藏和非金属矿藏种类丰富。在金属矿藏方面，多数为复合矿和多金属矿，如铜钼矿、铜铁矿、金—多金属矿、金—硫化物矿等。已探明的金属矿藏以铜钼矿、铜矿、伴生金矿、铁矿为主。尤以铜钼矿为最多，其占世界总储量的5.1%，已探明的钼储量占世界的7.6%。亚美尼亚的钼矿产量在2015年达7300吨，在世界排名第7位。在非金属矿方面，亚美尼亚主要有火山岩、珍珠岩、玄武岩、花岗岩、黑花岗岩、黑曜石等非金属矿，其中，珍珠岩探明储量达1.5亿立方米[①]。

矿产资源是国民经济和社会发展的重要物质基础，各国和地区都把优势矿产资源的开发利用和可持续发展提高到战略发展的高度。近年来，中国经济社会发展对矿产资源的需求持续快速增长，供需矛盾日益突出。对于亚美尼亚而言，由于在发展经济的过程中面临着资金紧缺的困境，亟须将国内丰富的矿产资源转化为发展国民经济的资金支持。由于中国与亚美尼亚在矿产领域的需求，这就为两国在该领域的合作提供了可能。

尽管如此，由于采矿业具有异于其他行业的风险，中国企业在亚美尼亚开展能源与矿产资源开发时首先要了解和熟悉亚美尼亚的相关法律法规，做好市场前期调研和风险评估。如投资新矿，应向亚美尼亚基础设施与自然资源部报送商业计划并申请开采许可证，如要加工还需申请加工许可证。亚美尼亚无出海口，国际运输需借助格鲁吉亚波季港，运输成本较

① 资料来源：《亚美尼亚矿产资源概况》[EB/OL]. 中华人民共和国驻亚美尼亚共和国大使馆经济商务处（http：//am. mofcom. gov. cn/article/ztdy/201611/20161101872510. shtml）。

高，如将矿石回运或出口到其他国家要充分考虑运输成本。此外，还应充分考虑环保因素，无论开采还是加工均需考虑后续产品污染、回收和环保解决方案，向环保部门提交环评报告，与当地矿区居民保持良好沟通，严格遵守环保法规，积极履行社会责任。

二、中国与亚美尼亚矿产领域合作模式选择

中国企业如何推进矿产资源合作，既能充分利用亚美尼亚的矿产资源优势，同时又能化解合作中不利因素引起的风险，选择合适的合作模式便成为中国企业走向亚美尼亚的关键问题。鉴于中国在矿产行业的资金、技术和设备优势，以及双方之间由于中欧班列开通所带来的交通便利性，中国与亚美尼亚在矿业领域的合作中存在较大潜力。从近年来中国企业在世界各地采取的矿产开发合作实践看，中国与亚美尼亚在矿产开发领域可借鉴的模式主要有：资源外交模式；风险勘探模式；信贷、工程与资源交换模式；联营合作模式。

（一）风险勘探模式

由于矿业投资风险大、周期长，投资人向拥有资源的国家管理部门申请探矿权，在探矿权范围内进行风险勘探，当发现有经济价值的矿产后，便申请采矿权进行开发利用；如发现有找矿前景但需进一步投入，探矿人可以继续投入进行风险勘探，也可通过探矿权的转让获取收益。如中国投资的毛里塔尼亚矿业资源项目、老挝占巴塞省帕克松地区铝土矿、老挝勘探区块、几内亚铝土矿勘探项目、缅甸达贡山镍矿、牙买加氧化铝项目等。风险勘探模式投资相对较少，回报率可能较高，但风险较大。

（二）联营合作模式

联营合作模式是企业境外合作开发资源较为普遍的模式，在该模式下，中国企业以设立公司的形式，与国外企业合作开发矿产资源。合作公司设定时，约定合作各方的责、权、利，并约定收益的分配、风险的承担、经营的方式、合同的终止及财产的归属问题。该模式包括联营体合作

方式（或合同制联营体方式）与租赁经营方式。其中，联营体合作方式是由中方企业通过订立工程承包合同或工程建设合同在境外开展矿业项目基础设施建设，如中国冶金科工集团公司巴布亚新几内亚瑞木镍钴矿业项目，该项目的建筑工程就是采取总承包的方式。租赁经营方式，是企业的所有者与经营者之间通过订立租赁合同而实现企业经营管理权的转移，中国企业与资源拥有国的资产所有者订立租赁合同，在不改变资产所有权的情况下，中国企业可自主经营。

值得注意的是，由于矿产投资所要求的资金门槛较高，中国在亚美尼亚采矿业的投资形式还可以通过“上游换下游”——以股份方式共同组建合资公司起步，逐渐发展到全资收购、控股收购、小额参股、租金合资企业等形式。这方面可以参考中国与澳大利亚在液化天然气领域的合作模式，即双方可签署矿产合作协议，包括中方上游参股、“中－亚矿产伙伴关系基金”等，合作内容可包括矿产的开采、加工、运输、深加工、配送、工程设计和采购等各个环节，推动两国矿产合作进入全方位、多层次的合作。

第五节　中国与亚美尼亚生物制药业合作

生物制药技术作为一种高新技术，是 20 世纪 70 年代初伴随着 DNA 重组技术和淋巴细胞杂交瘤技术的发明和应用而诞生的。40 多年来，生物制药技术的飞速发展为医疗业、制药业的发展开辟了广阔的前景，极大地改善了人们的生活。因此，世界各国都把生物制药确定为 21 世纪科技发展的关键技术和新兴产业。从世界生物医药产业发展趋势来看，目前正处于生物医药技术大规模产业化的开始阶段，预计到 2020 年之后进入快速发展期，并逐步成为世界经济的主导产业。当前，中国与亚美尼亚的生物制药产业都正由最具发展潜力的高技术产业快速向高技术支柱产业发展。两国应根据平等自愿、优势互补、互利双赢的原则，选择适当模式逐步推进生物制药领域的合作。

一、中国与亚美尼亚生物制药业的合作基础

我国把生物技术列为一项“前沿技术”，将其作为未来高新技术产业赶超的重点。目前，我国生物医药产业已经具有良好的基础，产业规模庞大。近年来，我国通过不断加大力度支持生物制药产业的发展，已创造出巨大的市场空间和良好的发展环境，生物技术领域的基础技术和实验室建设等都已接近国际先进水平，明显缩小了与世界先进国家的差距。同时，生物制药产业是亚美尼亚经济的重要组成部分，具有巨大的增长潜力，被亚美尼亚共和国政府列为优先发展的经济部门。

中国与亚美尼亚进行生物制药产业的合作是为了实现两国的资源共享、优势互补、互利共赢等特定目标而建立的交流与合作关系。一般而言，两国产业合作大致经历“试探”“延伸”“对接”三个发展阶段。从这三个发展阶段看，在生物制药产业合作态势上，目前我国与亚美尼亚在生物制药产业方面的合作仍处于第一阶段。这种“表层”状态，作为一种“过渡”尚可，若“过长”，则既不利于两国生物制药产业的互补层次提升，又不利于双方互补能力的增强，更不利于通过互补实现共同发展、扩大双赢的目标。因此，如何从“表层”向“深层”合作转移，已成为中国与亚美尼亚生物制药产业合作发展的新课题。

二、生物制药业合作基本模式

（一）国际营销合作模式

生物制药的国际营销合作是指两个不同国家以上的合作企业为加强产品在国际市场上的开拓能力及渠道渗透能力，通过利用共同开发市场及市场机会，达到企业资源的优势互补的行为，见图 4 - 1。营销合作的最大优势在于国际不同企业的资源优势不同，企业间可以通过资源的互补，开拓产品市场，从而获得协同效益。在国际市场竞争激烈的今天，国际营销合作逐渐成为企业参与国际市场、提升企业竞争力、推出自己产品的首要选择之一。出口导向型合作及会展营销合作是国际营销合作的两种主要渠道。

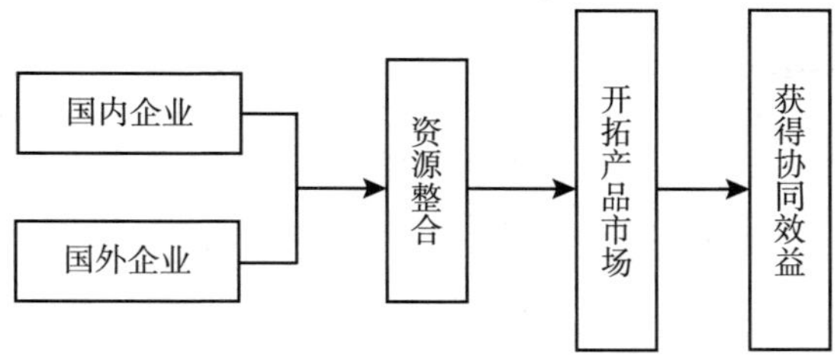

图 4 - 1　国际营销合作模式

1. 出口导向型合作。

出口可分为直接出口和间接出口。直接出口要求生物制药企业自己处理相关的出口业务，它的开发费用较高，投资风险也大；而间接出口则是以中间环节或者中间商为纽带，将本国的生物制药产品出口到国际市场。间接出口是一种比较初级的合作方式，由于资金、产品销售量等原因，大部分生物制药产品的销售是通过委托中间商或代理商，利用其销售渠道进入国际市场。

2. 会展营销合作。

在会展上，生物制药企业可以运用各种传播渠道，通过宣传自己的产品，向全世界推荐自己的品牌及形象；生物制药企业与客户可以直接沟通，及时了解产品的需求状况及产品的不足，使产品信息得到及时反馈；同时，生物制药企业还可以收集有关竞争者的信息，有助于企业了解本产业最新动态及产业的发展趋势，为企业下步发展提供决策依据。会展营销可以有效降低生物制药企业营销成本，在短时间内为企业提供合作伙伴及客户，增加产业国际合作的机会。

（二）国际技术合作模式

国际技术合作是指不同企业间进行的技术联合，以实现技术资源的共享与交流，缩短产品研发周期的行为，见图 4 - 2。国际技术合作与国际技术转移不同，国际技术转移又称国际技术贸易，是技术持有者与技术的受方通过各种方式达成买卖协议，由技术持有者将其拥有的技术以及权利转让给受方的行为。

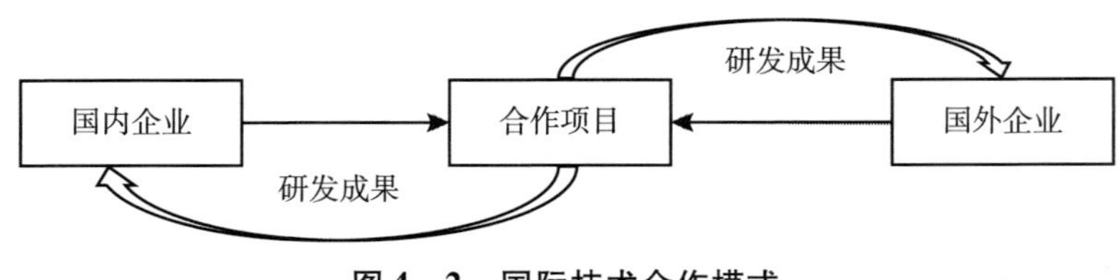

图4－2　国际技术合作模式

由于技术在创新的过程中具有不确定性，这就给创新企业在研发新技术时带来了风险。因此，减少新产品技术研发过程中的不确定性是促使企业走向国际技术合作的重要原因之一。通过与国外拥有高新技术的生物制药企业合作，可以较快掌握该产业的先进技术，使得生物制药企业研发新产品由技术开发到产品商业化间的时间减少，缩短了产品的创新周期，进而降低企业为开发新产品所承担的风险。同时，生物制药不同企业的资源配置是不同的，拥有不同生产要素的企业通过相互合作，可以充分发挥各自的资源优势，使所有资源得到有效利用，避免资源的浪费，有效地解决了生物制药企业创新资源和能力不足的问题，实现企业间的资源互补，降低企业开展创新时的风险。

（三）国际生产合作模式

国际生产合作是一种比较高端的国际合作模式，既是外国公司打开国内市场采用的一个重要手段，也是国内引进技术、资金的一个重要途径。在实际合作过程中分为两种，一种是建立合资企业，另一种是境外并购。

建立合资企业是指国内外双方合作伙伴根据相互商定的经济条件，以提升企业竞争力，增加企业利益为目的，建立的共同生产的、长期稳定的经济联系，见图4－3。资金是生物制药企业研发创新的根本保证，通过参与国际生产合作，可以引进国外资本和科学的管理方式，弥补产业在资金上的不足，突破生物制药企业在研发过程中的要素瓶颈。

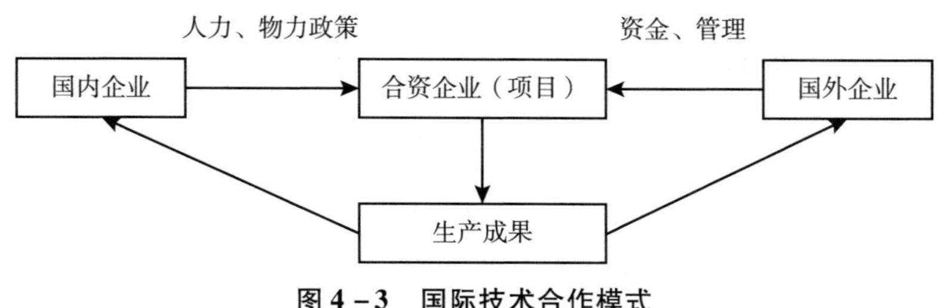

图4－3　国际技术合作模式

建立生物制药合资企业需要投资方拥有足够的资金支持和技术保障。对于吸引外资的当地生物制药企业来说，外国资金的注入或与国外投资者合资建厂有利于弥补当地产业发展资金不足的问题，引进国际先进的管理经验，提高企业管理水平，进而推动合作产业更好更快地发展；对于投资方来说，对外投资建厂，有利于企业以东道国为支点拓展海外市场，增加产品市场份额，提升企业知名度，进而推动产业转移。

境外并购又称跨国并购，是指国外投资者为取得东道国原有企业全部或部分所有权，采取出资兼并、收购该企业的国际性购买行为。通过直接购买生物制药国外企业，获得这些企业的所有权，可以快速扩大并购企业的规模，提升企业的竞争力。同时，许多生物制药企业看中国外一些企业的产品或产业的发展市场，通过并购国外生物制药企业，可以拥有对生物制药产品的控制权，降低该企业研发产品的风险，减少企业研发时间，进而提高企业产品创新能力，增加企业在国际上的竞争能力。

三、中国与亚美尼亚生物制药业合作模式选择

（一）生物制药合作初期

中国与亚美尼亚合作初期，一方面对双方市场信息了解较少，需要一个信息平台，宣传自己产品、推出企业品牌；另一方面由于社会习俗、各国贸易壁垒等限制，企业在扩大海外市场份额时会受到阻碍，需要一个中介组织或机构为其开拓国外市场。因此，在选择合作模式时，可选择国际营销合作模式，国际营销合作是最基本的国际合作模式，该模式对资本要求较低，企业承受风险相对较小。

从中国与亚美尼亚产业合作历史看，生物制药产业的合作起步就表现为中国对亚美尼亚的药品出口。2017 年，中国对亚美尼亚的药品出口额达 56 万美元，中国从亚美尼亚的药品进口额为 0。可以看出，两国在药品贸易上还存在巨大的发展潜力，合作前景广阔。

除此之外，可以通过政府、行业协会的沟通积极开展贸易博览会，生物制药产业可以利用这一平台，寻找合作机会、寻得合作伙伴。贸易博览会作为国际营销合作中的一种，在为生物制药产业寻找合作机遇的同时，还节约了企业在寻找合作伙伴、搜集国外市场信息的相关费用，间接地降低了企业的成本，为生物制药产业初设国际合作提供了保障。

（二）生物制药合作中后期

随着对两国市场信息的深入了解及其产品在市场上的份额不断增加，企业不再满足于销售企业产品、增加产品销售额，而是转变成为对新技术的需要和创新产品的生产，这也是中国与亚美尼亚在长期合作中期望达到的发展阶段。这时，企业在选择国际合作模式时应倾向国际技术合作模式以及国际生产合作模式。

目前，中国与亚美尼亚的生物制药产业在技术方面与国际先进生物制药产业水平还有一定的差距，但在两国的产业合作中的不同细分领域具有各自的比较优势。因此，通过发挥两国在不同细分领域的优势，与双方生物制药企业或生物技术企业开展国际技术合作，可以使两国在生物制药产业获得双方先进生产技术，提升产业整体创新能力，增加企业在国际市场上的竞争力；同时，通过参与国际技术合作，可以缩短产品商业化的时间，降低企业独自承担技术研发的风险。

同时，当两国生物制药产业发展呈现规模化的趋势时，为突破资金和技术等方面的瓶颈，扩大企业生产规模，在参与国际合作上可选择国际生产合作模式。比如，建立合资企业有利于较快地引进外国先进的生物技术。通过建立合资企业，引进先进的技术、设备，增强企业研发能力，丰富生物制药产品品种，更好地满足消费者的需要，进一步提升生物制药产业竞争力。

第六节　中国与亚美尼亚旅游业合作

旅游产业是中国推进“一带一路”建设的先导产业，在促进沿线各国贸易畅通、民心相通方面发挥着独特的作用。2015 年 3 月 28 日，国务院授权国家发展改革委、外交部、商务部共同发布《推动共建丝绸之路经济带和 21 世纪海上丝绸之路的愿景与行动》（以下简称《愿景与行动》）的重要文件，将旅游产业明确列入“一带一路”倡议重点发展的产业。

推进中国与亚美尼亚旅游合作，通过游客往来增加两国民众的双向认知度和增进文化互信，符合新时期中国“开拓旅游外交、构建旅游对开放新格局”的倡议目标。中国与亚美尼亚都是旅游资源丰富的大国，有丰富的自然资源与人文资源，特色明显、类型多样，有良好的区域旅游合作基础。加强亚美尼亚和中国之间的旅游联系，有助于两国间开辟新的旅游线路，为两国游客提供更多的旅游产品和服务。

虽然两国之间有良好的外交关系，但从当前的旅游合作来看，双方还停留在区域旅游合作发展的初期阶段。直接体现在双方人员往来以技术人员与商贸人员为主，旅游规模较小，尚未形成规模化客源，旅游合作尚处在概念交流或框架协议缔结阶段，还未深入到具体的产品开发与项目建设中。因此，双方之间具有可观的旅游合作前景，目前双方亟待进行的是做好中国与亚美尼亚旅游合作内容的倡议统筹规划，并逐步探索中国与亚美尼亚旅游合作模式，促成中国与亚美尼亚旅游长效合作机制的形成。

一、中国与亚美尼亚旅游业合作战略统筹规划

（一）旅游政策协商制定

实现“一带一路”旅游合作的发展，沿线国家政策沟通先行。中国可加强同亚美尼亚政府间合作，协商制定推进两国合作的规划和政策措施，为旅游合作发展打开政策“绿灯”。加强协调机制、旅游签证、关税、边

防边检、质检、口岸建设、旅游产品开发、旅游线路共建、旅游投资、旅游信息交流共享等方面政策沟通。根据现状条件，完善旅游签证政策，尝试并逐步实施落地免签、过境免签和旅游免签等便利措施和政策，逐步推行无障碍旅游。

（二）旅游客流互送

中国与亚美尼亚旅游合作中的旅游客流互送应以旅游政策沟通为基础，通过区域旅游签证的便利化，结合道路基础设施联通推进，增加直航城市和航班的支持，完善边境旅游通道，便利游客出行，实现区域旅游客源共享和相互间客源输送；提升沿线景区和服务质量，打造区域旅游精品线路；支持两国企业开展旅游市场和旅游产品的联合开发。发行旅游互联互通卡，开通旅游包机，为两国游客提供全面旅游服务、实现区域客流畅通。

（三）旅游交流互联

中国与亚美尼亚两国旅游合作的最终目的是推动两国游客的交流和往来，增进文化认同。而实现旅游互联的方式，包括开展节庆和赛事、交流合作、民间文化互动等大型活动，也可互办大型旅游节事活动，以促进沿线两国文化交流，可通过旅游线路设计和采风，鼓励两国青年游客进行旅游交往，共享旅游资源，同时了解两国的历史、文化，增进彼此的认同感。

（四）旅游投融资放宽

在旅游投资融通方面，鼓励两国相互间“引进来、走出去”，如鼓励中方企业到亚美尼亚国家投资酒店、景区等旅游基础设施，支持中国旅游企业到对方国家上市。中国积极对接亚洲基础设施投资银行、丝绸之路基金等金融组织，搭建“一带一路”国际旅游投资平台，设立定向可控的丝绸之路专项旅游基金，并与亚美尼亚协商采取积极的旅游投资方面的措施，充分发挥两国主权基金在建设“一带一路”旅游方面的作用。

二、中国与亚美尼亚旅游业合作模式选择

根据“一带一路”《愿景与行动》规划，两国政府发挥宏观主导作用，引领企业、行业协会等积极参与到旅游合作中。基于国际上常用的国际旅游合作模式，政府、旅游企业和旅游行业协会，结合两国所处的地理特征、旅游资源分布以及旅游合作与发展所处的阶段特征，各自发挥不同作用。

（一）旅游合作初期

旅游合作模式初步建构。两国政府或旅游主管部门发挥首要主导作用，成立政府间协调委员会，建立联席会商机制，负责协调、沟通和管理沿线旅游合作事宜，以及政策协商制定等。而旅游企业和行业协会，则积极参与，配合政府，落实具体合作事宜，逐步实现以旅游企业为主体的旅游客源互送、交流互联。

（二）旅游合作发展期

旅游合作模式运行期。两国政府要起推动作用，继续深入合作。一是定期或不定期召开联席会议，建设旅游合作制度，协调旅游合作机制，清除沟通合作中的障碍等；二是共同筹划主题合作事宜，如定期互办大型联合活动等，具体深化合作内容。同时，旅游企业和行业协会在旅游基础设施建设、旅游客源互送、节事活动互办交流等方面，积极发挥主体作用，政府适当进行调节，促进旅游各要素在区域间的合理配置和有序流动。

（三）旅游合作成熟期

旅游合作市场发育成熟。政府起宏观调控的主导作用；旅游企业主体全面运行有序，市场主体性得到充分发挥；同时积极发挥行业协会的协调、引导合作。最终两国形成以政府宏观主导、旅游企业为主体、旅游行业协会积极引导的旅游合作模式。

从当前的情况看，双方的旅游合作还处于初期阶段，初期合作的规划

有以下几个重点：一是整合区域旅游合作资源，规划精品线路，精心打造品牌产品；二是依托其长跨度的空间布局，进行输入型客流的开发。未来，随着双方合作的深入，双方都需要进行旅游资源的进一步整合，形成以主要资源或主要的旅游城市为增长极的联动模式，使中国—亚美尼亚的旅游业能够从各据一方到连线成片，在整体上促进区域旅游的快速发展。而从中长期来看，两国旅游合作将努力实现区域无障碍旅游模式的发展目标。

三、中国与亚美尼亚旅游业长效合作机制

在“一带一路”沿线区域旅游合作过程中，中国与亚美尼亚政府间、旅游企业之间以及行业协会等非政府组织之间需要建立旅游合作机制，以更好地促进旅游合作顺利、有序运行，同时也有助于解决旅游合作过程中的突发事件和合作障碍。依据“一带一路”沿线区域旅游合作的主要内容和合作模式，本书认为，中国与亚美尼亚需要重点建立旅游合作的日常工作机制、政府协商机制、投资促进机制、应急处置机制。

（一）日常工作机制

中国与亚美尼亚两国旅游合作应建立日常工作机制，处理日常事务，推进旅游合作常态运行。其主要任务在于：共同制订合作协议、准则等合作制度；共同协调旅游资源的合作开发、旅游线路的联合设计、旅游企业投资贸易合作等事宜；共同解决旅游业日常运行中遇到的障碍；推动两国政府间、旅游企业间的合作谈判、项目推进和计划落实；联合策划互办旅游节事活动，加强旅游合作营销；每年定期召开旅游合作论坛，总结旅游合作经验，安排下年旅游合作事宜等。

（二）政府协商机制

中国与亚美尼亚旅游合作战略的推进，需要建立政府间协商机制。其主要职能在于：成立两国间的政府层面的协商委员会，定期与不定期召开政府磋商联席会议；推动政府间在旅游签证、关税等政策的制定和协商，

在旅游基础设施方面的联合共建，在旅游客源互送、交流互联方面达成合作共识，在放宽旅游投融资政策方面的谈判和磋商等；加强政府间在互办大型旅游活动、联合营销方面的协商和沟通等。上述职能主要为促进两国旅游合作提供政治保障。

（三）投资促进机制

中国与亚美尼亚开展旅游合作更重要的目的在于“旅游搭台，经贸唱戏”，即通过旅游合作，推动旅游投资，并拉动其他领域的投融资。投资促进机制建设在于：倡议建立海上丝绸之路基金，为两国旅游合作内容的开展提供资金支持；推动类似于亚洲基础设施投资银行、金砖国家开发银行、上合组织开发银行等多边金融开发机构成立，为两国旅游合作提供投融资服务；尝试推行 PPP（public private-partnership）模式，鼓励社会资本、公私合营资本参与“一带一路”旅游开发。

（四）应急处置机制

中国与亚美尼亚在旅游合作中，可能遭遇各种突发事件和旅游纠纷等障碍，为减少旅游合作中的“囚徒困境”，双方应建立起联合应急处置机制。主要任务在于：依托两国政府间的协商委员会，联合双方的警力、消防、卫生、武装、旅游等部门，共同应对跨国过程中遭遇的旅游突发事件，提供紧急救援和善后处置服务；依据投资促进机制确定的内容，为旅游投融资提供应急资金帮助，解决投融资障碍；依据两国达成共识的条约，为旅游合作发展遇到的纠纷提供法律保障，以保障中国和亚美尼亚在旅游合作开发中的合法权益；另外，还包括协助解决两国游客在跨国旅游过程中的旅游投诉及纠纷。

参考文献

［1］［亚美尼亚］阿依科·马尔季罗相：《亚美尼亚的经济发展与后苏联时代的对外经济联系》，载《俄罗斯中亚东欧市场》2009 年第 2 期。

［2］［亚美尼亚］阿依科·马尔季罗相：《亚美尼亚加入欧盟的前景分析》，载《俄罗斯中亚东欧研究》2008 年第 3 期。

［3］包艳、崔日明：《“丝绸之路经济带”框架下中国－格鲁吉亚自由贸易区建设研究》，载《辽宁大学学报》（哲学社会科学版）2017 年第 1 期。

［4］保建云：《中国与外高加索三国贸易发展特点及经贸合作面临的问题》，载《俄罗斯中亚东欧市场》2008 年第 3 期。

［5］陈小沁：《俄美在外高加索地区的能源政策博弈》，载《国际关系学院学报》2010 年第 4 期。

［6］陈宇：《竞争还是合作：不应忽视的他国“丝路带”》，载《世界知识》2015 年第 9 期。

［7］陈宇：《纳卡问题波澜再起》，载《世界知识》2014 年第 18 期。

［8］道明：《外高加索格局中的纳卡问题》，载《国际关系学院学报》2012 年第 2 期。

［9］邓浩：《中亚和外高加索地区形势的演变及其走向》，载《俄罗斯东欧中亚研究》2017 年第 6 期。

［10］段君泽：《亚美尼亚大规模抗议事件探析》，载《国际研究参考》2015 年第 7 期。

［11］樊为之：《中国与西亚北非经贸——地区繁荣与发展的重要引

擎》，载《宁夏社会科学》2015 年第 1 期。

[12] 顾炜：《欧亚经济联盟的新动向及前景》，载《国际问题研究》2015 年第 6 期。

[13] 关钢：《世界经济危机对亚美尼亚经济的影响》，载《俄罗斯中亚东欧市场》2010 年第 2 期。

[14] 郭朝先、刘芳、皮思明：《“一带一路”倡议与中国国际产能合作》，载《国际展望》2016 年第 3 期。

[15] 郭建鸾、闫冬：《“一带一路”倡议下国际产能合作风险与对策研究》，载《国际贸易》2017 年第 4 期。

[16] 韩永辉、罗晓斐、邹建华：《中国与西亚地区贸易合作的竞争性和互补性研究——以“一带一路”战略为背景》，载《世界经济研究》2015 年第 3 期。

[17] 韩永辉、邹建华：《“一带一路”背景下的中国与西亚国家贸易合作现状和前景展望》，载《国际贸易》2014 年第 8 期。

[18] 翰墨：《外高加索三国》，载《俄罗斯中亚东欧市场》2012 年第 1 期。

[19] 何文彬：《中国—中亚—西亚经济走廊的战略内涵及推进思路》，载《亚太经济》2017 年第 1 期。

[20] 黄孟芳、卢山冰、余淑秀：《以“欧亚经济联盟”为标志的独联体经济一体化发展及对“一带一路”建设的启示》，载《人文杂志》2015 年第 1 期。

[21] 黄世和：《亚美尼亚：诺亚方舟停泊的国度》，载《中国民族》2015 年第 6 期。

[22] 金陈飞、池仁勇、陈衍泰、董睿：《“一带一路”倡议下的中欧非国际产能合作研究——比较优势和合作潜力》，载《亚太经济》2018 年第 2 期。

[23] 卡拉佩特·卡连强、徐燕霞：《世界新秩序和亚美尼亚安全》，载《俄罗斯中亚东欧研究》2009 年第 3 期。

[24] 李丛：《亚美尼亚为外资提供法律及政策保障》，载《中国投

资》2017 年第 13 期。

［25］李建军、魏婷婷：《试析外高加索在美国全球战略中的地位》，载《西伯利亚研究》2012 年第 3 期。

［26］李建民等：《欧亚经济联盟：理想与现实》，载《欧亚经济》2015 年第 3 期。

［27］李新：《丝绸之路经济带对接欧亚经济联盟：共建欧亚共同经济空间》，载《东北亚论坛》2016 年第 4 期。

［28］梁丹辉、吴圣、李婷婷：《中国和西亚农业合作现状及未来展望》，载《农业展望》2017 年第 6 期。

［29］刘清才、支继超：《中国丝绸之路经济带与欧亚经济联盟的对接合作——基本架构和实施路径》，载《东北亚论坛》2016 年第 4 期。

［30］刘馨蔚：《“跨里海东西贸易运输走廊”新机遇惠及多国》，载《中国对外贸易》2018 年第 4 期。

［31］柳思思：《中国—西亚共建“丝绸之路经济带”的战略构想》，载《当代世界》2014 年第 4 期。

［32］隆国强：《扎实推进“一带一路”合作》，载《国家行政学院学报》2016 年第 1 期。

［33］吕萍：《格鲁吉亚在“一带一盟”对接中的作用》，载《欧亚经济》2016 年第 5 期。

［34］马晓华：《近年中国和亚美尼亚两国的双边关系》，载《中外企业家》2015 年第 2 期。

［35］潘楠：《俄罗斯跨波罗的海与跨黑海天然气管道比较分析》，载《俄罗斯东欧中亚研究》2016 年第 6 期。

［36］潘志平：《“一带一路”愿景下设施联通的连接点——以“中国－中亚－西亚”经济走廊为例》，载《新疆师范大学学报》（哲学社会科学版）2016 年第 3 期。

［37］曲如晓、刘霞：《“一带一路”背景下中国与西亚贸易竞争性与互补性分析》，载《国际经济合作》2017 年第 4 期。

［38］［法］让－皮埃尔·马艾：《亚美尼亚人和中国》，载《复旦学

报》(社会科学版) 2014 年第 3 期。

[39] 任雪梅:《亚美尼亚教育发展特征及其与中国的教育合作》,载《世界教育信息》2018 年第 6 期。

[40] 石靖:《中格自贸协定助力开发南高加索新潜力》,载《世界知识》2017 年第 2 期。

[41] 苏萌:《阿塞拜疆与亚美尼亚纳卡冲突分析》,载《现代军事》2016 年第 6 期。

[42] 苏轶娜、李雪梅:《推进我国参与“一带一路”油气合作核心区建设研究》,载《经济纵横》2017 年第 9 期。

[43] 孙超:《南高加索安全复合体的生成困境探析》,载《俄罗斯研究》2017 年第 2 期。

[44] 孙壮志:《中国与独联体经贸及金融合作空间广阔》,载《中国银行业》2014 年第 3 期。

[45] 滕仁:《古阿姆集团发展走势的地缘政治分析》,载《俄罗斯中亚东欧研究》2010 年第 2 期。

[46] 涂志明:《冷战后欧盟对南高加索地区政策研究——政策演变、主要动因和影响要素》,载《俄罗斯研究》2018 年第 2 期。

[47] 汪金国、王志远:《论冷战后俄罗斯对南高加索战略的演变》,载《俄罗斯中亚东欧研究》2009 年第 5 期。

[48] 王颂吉、白永秀:《中国—中亚—西亚经济走廊建设:进展、问题与对策》,载《贵州社会科学》2016 年第 8 期。

[49] 吴文化:《亚欧交通运输一体化的困境与出路》,载《综合运输》2015 年第 1 期。

[50] 伍浩松:《亚美尼亚未来将继续使用核能》,载《国外核新闻》2015 年第 6 期。

[51] 伍浩松:《俄罗斯将帮助亚美尼亚开展核电机组延寿》,载《国外核新闻》2015 年第 1 期。

[52] 武芳:《深化中国与西亚非洲地区经贸合作的路径》,载《国际经济合作》2015 年第 8 期。

[53] 肖斌：《中俄地区政策中的软实力比较》，载《俄罗斯东欧中亚研究》2015 年第 1 期。

[54] [俄] 谢尔盖·马尔科多诺夫、胡彦：《大高加索的危机与俄罗斯——“五日战争”之结果及影响》，载《俄罗斯研究》2011 年第 2 期。

[55] 徐坡岭、那振芳：《亚美尼亚经济一体化选择及在“一带一路”建设中的机遇》，载《俄罗斯学刊》2018 年第 1 期。

[56] [俄] 亚历山大·利布曼、杨茗：《乌克兰危机、俄经济危机和欧亚经济联盟》，载《俄罗斯研究》2015 年第 3 期。

[57] 杨光：《石油地租经济及西亚与中国的合作潜力》，载《西亚非洲》2016 年第 5 期。

[58] 杨进：《亚美尼亚“天鹅绒革命”及其逻辑》，载《世界知识》2018 年第 10 期。

[59] 杨进：《亚美尼亚政局将进入动荡期吗》，载《世界知识》2016 年第 16 期。

[60] 杨雷：《中国—中亚—西亚国际运输走廊建设的现状与挑战》，载《新疆师范大学学报》（哲学社会科学版）2017 年第 1 期。

[61] 杨恕、王术森：《独联体集体安全条约组织对外功能弱化的原因分析》，载《俄罗斯东欧中亚研究》2018 年第 2 期。

[62] 杨恕、王术森：《丝绸之路经济带：战略构想及其挑战》，载《兰州大学学报》（社会科学版）2014 年第 1 期。

[63] 耶斯尔：《俄格冲突以来的高加索格局》，载《俄罗斯东欧中亚研究》2014 年第 2 期。

[64] [哈] 伊万·沙拉法诺夫、任群罗：《中国新疆与外高加索三国经贸合作研究》，载《欧亚经济》2016 年第 3 期。

[65] 佚名：《中欧班列的线路之争》，载《大陆桥视野》2018 年第 3 期。

[66] 张建平、沈博：《中国—西亚经贸合作新机遇》，载《中国报道》2017 年第 1 期。

[67] 张晓慧、肖斌：《欧盟与中亚及外高加索地区国家能源合作：

政策、战略和前景》，载《国际经济合作》2014 年第 4 期。

［68］张晓慧：《欧盟的中亚能源政策与实践》，载《新疆社会科学》2014 年第 3 期。

［69］张晓玲、梁英超：《浅析亚美尼亚和阿塞拜疆关系正常化的阻碍性因素》，载《西伯利亚研究》2013 年第 6 期。

［70］赵东麒、桑百川：《“一带一路”倡议下的国际产能合作——基于产业国际竞争力的实证分析》，载《国际贸易问题》2016 年第 10 期。

［71］A Alberini, A Longo, Combining the Travel Cost and Contingent Behavior Methods to Value Cultural Heritage Sites: Evidence from Armenia. *Journal of Cultural Economics*, Vol. 30, No. 4, November 2006, pp. 287 - 304.

［72］A Demirchyan, V Petrosyan, ME Thompson, Gender Differences in Predictors of Self - rated Health in Armenia: A Population - based Study of An Economy in Transition. *International Journal for Equity in Health*, Vol. 11, No. 1, 2012, pp. 1 - 10.

［73］A Manukyan, *A Study Examining Foreign Direct Investment in Armenia: Incentives for FDI*. Master's Essay of American University of Armenia, 2007, pp. 1 - 57.

［74］A Mazhikeyev, TH Edwards, M Rizov, Openness and Isolation: the Trade Performance of the Former Soviet Central Asian Countries. *International Business Review*, Vol. 24, No. 6, 2015, pp. 935 - 947.

［75］A Melkonyan, MO Asadoorian, Climate Impact on Agroeconomy In Semiarid Region of Armenia. *Environment Development & Sustainability A Multidisciplinary Approach to the Theory & Practice of Sustainable Development*, Vol. 16, No. 2, 2014, pp. 393 - 414.

［76］A Nazaryan, Agribusinesses in Armenia: Get a Boost from Improved Regulations. *Rapport Complet En Anglaise*, No. 1, January 2015, pp. 1 - 2.

［77］A Shanoyan, B Ross, HR Gow, HC Peterson, R Black, Third - Party Facilitation Of Market Linkages in the Agri - Food Supply Chain: Evidence

From The Armenian Vegetable Industry. *General Information*, No. 2, 2012, pp. 83 – 93.

[78] A Shanoyan, RB Ross, HR Gow, HC Peterson, R Black, Third – Party Facilitation of Supply Chain Linkages: Evidence from the Armenian Vegetable Industry. *Journal on Chain and Network Science*, Vol. 16, No. 2, 2016, pp. 83 – 93.

[79] A Shanoyan, RB Ross, HR Gow, HC Peterson, Investment Responses to Third – party Market Facilitation in Armenia. *Journal of Agribusiness in Developing & Emerging Economies*, Vol. 4, No. 2, 2014, pp. 98 – 114.

[80] A Shanoyan, RB Ross, HR Gow, HC Peterson, Long – term Sustainability of Third – party Facilitated Market Linkages: Evidence from The USDA Marketing Assistance Program in the Armenian Dairy Industry. *Food Policy*, Vol. 46, No. 3, 2014, pp. 157 – 164.

[81] A Weinstein, Russian Phoenix: the Collective Security Treaty Organization. *Whitehead J. Dipl. & Intl Rel*, No. 1, 2007, P. 167.

[82] A Yalçin, Armenia's Economics (1991 – 2014) and Future Perspectives after Independence. *Eurasian Business & Economics Journal*, Vol. 4, No. 4, 2016, pp. 68 – 99.

[83] AA Tatlari, T Torosyan, The Study of Factors Which Have Impact on Export of Agricultural Products to Armenia; Regarding the Actual Exchange Rate. *Journal of American Science*, Vol. 9, No. 1, 2013, pp. 300 – 304.

[84] AA Tavadyan, A Safaryan, M Demidenko, Armenia and the Customs Union: Impact of Economic Integration. *Social Science Electronic Publishing*, No. 9, 2016, pp. 1 – 45.

[85] AB Lashaki, F Nasrollahi, AM Haghighi, Russia and United States in South Caucasus, Competition or Co – operation: the Case of Energy Resource. *International Journal of Russian Studies*, Vol. 1, No. 7, 2018, pp. 77 – 86.

[86] Andrew R. Bond, Richard M. Levine, Development of the Copper

and Molybdenum Industries and the Armenian Economy. *Post – Soviet Geography and Economics*, Vol. 38, No. 2, 1997, pp. 105 – 120.

[87] Branislav Mitic, Mladen Ivic, The Impact of Foreign Direct Investment on Export Performance: Case of European Transition Economies. *Independent Journal of Management & Production*, No. 7, 2016, pp. 771 – 785.

[88] C Beddies, E Gelbard, J Mchugh, L Redifer, G Iradian, Growth and Poverty Reduction in Armenia: Achievements and Challenges. *IMF Special Issues*, 9th November 9, 2005.

[89] C Forst, *Russia's Role in the South Caucasus – Possible Implications of Armenia's Accession to the Eurasian Economic Union for Regional Security.* Master's Thesis In EU – Russia Studies. May 12, 2015, pp. 1 – 86.

[90] Çokgezen, Murat, Çokgezen, Jale, Internationalization of Post – Soviet Economists: Evidence from Central Asia and the Caucasus. *Econstor Open Access Articles*, Vol. 1, No. 1, 2014, pp. 26 – 38.

[91] D Alaverdyan, O Kehinde, I Panosyan, Analysis of Agricultural Production and Programs in Armenia. *International Journal of Innovation and Scientific Research*, Vol. 17, No. 2, 2015, pp. 466 – 473.

[92] D Mkhitaryan, University – industry Collaboration in Armenia. *International Conference on Applied Mechanics and Mechanical Automation*, 2017, pp. 411 – 414.

[93] DA Grigorian, TA Melkonyan, Destined to Receive: the Impact of Remittances on Household Decisions in Armenia. *Review of Development Economics*, Vol. 15, No. 1, 2011, pp. 139 – 153.

[94] EG Gzoyan, LA Hovhannisyan, SA Aleksanyan, NA Ghazaryan, SR Hunanyan, Comparative Analysis of The Scientific Output of Armenia, Azerbaijan and Georgia. *Scientometrics*, Vol. 102, No. 1, 2015, pp. 195 – 212.

[95] G Grigoryan, The J – Curve Effect on the Trade Balance in Armenia. International. *International Journal of Economics, Finance and Management Sciences*. Vol. 3, No. 3, 2015, pp. 270 – 278.

[96] G Modebadze, Ad Valorem Equivalence to FDI Restrictiveness in Armenia. Working Paper, December 12, 2010, pp. 1 –49.

[97] Gayane Barseghyan, An Estimated Dynamic Stochastic General Equilibrium Model for Armenian Economy. Working Paper, No. 13/11E, 2013, pp. 1 –48.

[98] IJ Mcginnity, Selling Its Future Short: Armenia's Economic and Security Relations with Russia. CMC Senior Theses, December 30, 2010, pp. 1 –50.

[99] J Cocks, HR Gow, DJ Dunn, Meeting Private Grades and Standards in Transition Agriculture: Experiences from the Armenian Dairy Industry. *International Food & Agribusiness Management Review*, Vol. 6, No. 1, 2003, pp. 1 –8.

[100] J Francois, O Pindyuk, Agreements Between the EU and Canada, USA And Moldova/Georgia/Armenia On the Austrian Economy: Model Simulations for Trade Policy Analysis. FIW – Research Reports, 2013, pp. 1 –38.

[101] J Jensen, DG Tarr, Deep Trade Policy Options for Armenia: the Importance of Trade Facilitation, Services and Standards Liberalization. *Social Science Electronic Publishing*, Vol. 6, No. 1, 2011, pp. 1 –54.

[102] J Kaczmarek – Khubnaia, Foreign Direct Investment in Armenia. *Journal of Geography, Politics and Society*, Vol. 7, No. 4, 2017, pp. 46 –52.

[103] J White, M Gorton, L Dries, V Urutyan, Supply Chain Relationships, Supplier Support Programmes and Stimulating Investment: Evidence from the Armenian Dairy Sector. *Supply Chain Management*, Vol. 19, No. 1, 2014, pp. 98 –107.

[104] JG Newton, NJ Scannell, R Ohanian, A Survey of The Second – hand Clothing Industry in Yerevan, Armenia: Marketing and Economic Aspects. *Journal of Applied Sciences*, Vol. 1, No. 4, 2001, pp. 552 –559.

[105] JH Hanf, V Marquardt, V Urutyan, A Babayan, The Impact of Foreign Direct Investment on the Agribusiness of Transition Countries: the Example of the Armenian Wine Business. *International Journal of Business and Global-*

ization, Vol. 16, No. 4, 2016, pp. 423 – 447.

[106] John T. Ishiyama, Ryan Kennedy, Superpresidentialism and Political Party Development in Russia, Ukraine, Armenia and Kyrgyzstan. *Europe – Asia Studies*, Vol. 53, No. 8, 2001, pp. 1177 – 1191.

[107] K Banaian, B Roberts, The Impacts of Conflict Risk Reduction on the Armenian Economy. *Indian Journal of Physics*, 2015, pp. 1 – 5.

[108] K Gomółka, Exchange in Foreign Trade between Poland and Armenia, Azerbaijan and Georgia. *Acta Politica Polonica*, No. 29, 2014, pp. 5 – 16.

[109] K Heaton, J Barnhill, R Hill, Strengthening Armenian Irrigation Capability through Extension Education and Mentoring. *Journal of International Agricultural & Extension Education*, Vol. 19, No. 3, 2012, pp. 164 – 173.

[110] K Kirkham, The Formation of the Eurasian Economic Union: How Successful Is the Russian Regional Hegemony. *Journal of Eurasian Studies*, Vol. 7, No. 2, 2016, pp. 111 – 128.

[111] K Poghosyan, O Boldea, Structural Versus Matching Estimation: Transmission Mechanisms in Armenia. *Economic Modelling*, Vol. 30, No. 1, 2013, pp. 136 – 148.

[112] L Wang, "Chinese Investors and Businesses are Always Welcome in Armenia" Exclusive Interview with Hrant Abajyan, the Trade Representative of the Armenian Embassy in China. *China's Foreign Trade*, No. 6, 2017, pp. 29 – 30.

[113] LKE Dries, M Gorton, J White, V Urutyan, G Sardaryan, The Role of Agribusiness in Stimulating On – farm Investments – case Study of the Armenian Diary Sector. *Apstract Applied Studies in Agribusiness & Commerce*, Vol. 6, No. 3, 2012, pp. 170 – 174.

[114] M Baghramyan, V Ghushchyan, Implications of Armenian Dram Appreciation for the Competitiveness of Armenian IT, Tourism, and Food Processing Industries Climate Impact on Agroeconomy In Semiarid Region of Armenia. *Armenian Journal of Public Policy*, 2008, pp. 1 – 31.

[115] M Greta, K Lewandowski, G Mamikonyan, Textile and Apparel Industry in Armenia: the Former Potential and the Perspectives for Future Development of the Industry. *Fibres & Textiles in Eastern Europe*, Vol. 25, No. 2, 2017, pp. 10 – 15.

[116] M Hergnyan, S Hovhannisyan, S Grigoryan, H Sayadyan, M Hergnyan, The Economics of Armenia's Forest Industry. *Polymer Journal*, Vol. 38, No. 9, 2006, pp. 976 – 982.

[117] M Heydari, The Impact of Foreign Direct Investment on Trade Flows in Europe and the Union of Armenia. *International Journal of Humanities and Cultural Studies*, No. 1, 2016, pp. 2146 – 2159.

[118] M Kasarjyan, Review of the Financial Environment for Agricultural Producers in Armenia. *Neuroscience Research*, Vol. 6, No. 1, 2009, pp. 22 – 34.

[119] M Lagutina, Eurasian Economic Union Foundation: Issues of Global Regionalization. *Eurasia Border Review*, Vol. 5, No. 1, 2014, pp. 95 – 111.

[120] M. Starchak, Armenia's Nuclear Industry: Threats and Challenges. *Central Asia And the Caucasus*. Vol. 17, No. 3, 2016, pp. 75 – 87.

[121] MS Yahyapour, M Gharehbeygi, Hegemonic Challenges of Iran and Russia In the Transcaucasia Region. *Journal of Politics and Law*, Vol. 9, No. 5, 2016, pp. 289 – 298.

[122] N Rahimova, European Neighborhood Policy and South Caucasus. Shortcomings and Challenges. *Eurostudium*, 2016, pp. 162 – 206.

[123] NJ Scannell, JG Newton, R Ohanian, Viticulture, Wine Production, And Agriculture in Armenia: Economic Sectors in Transition. *Journal of Applied Business Research*, Vol. 18, No. 4, 2011, pp. 195 – 212.

[124] NN Habibov, EN Afandi, Self – rated Health and Social Capital in Transitional Countries: Multilevel Analysis of Comparative Surveys in Armenia, Azerbaijan, and Georgia. *Social Science & Medicine*, Vol. 72, No. 7, 2011, pp. 1193 – 1204.

[125] R Najaf, K Najaf, R Najaf, K Najaf, Importance of FDI On the Growth of Pakistan and Armenia. *International Journal of Research – Granthaalayah*, Vol. 4, No. 5, 2016, pp. 92 –98.

[126] R Pomfret, Trade Policies in Central Asia after EU Enlargement and Before Russian WTO Accession: Regionalism and Integration into the World Economy. *Economic Systems*, Vol. 29, No. 1, 2004, pp. 32 –58.

[127] S Aslanian, From the Indian Ocean to the Mediterranean: the Global Trade Networks of Armenian Merchants from New Julfa. *Business History Review*, Vol. 87, No. 2, 2013, pp. 346 –348.

[128] S Pokharel, JE Marcy, AM Neilan, CN Cutter, Development, Dissemination, and Assessment of a Food Safety Systems Management Curriculum for Agribusiness Students in Armenia. *Journal of Food Science Education*, Vol. 16, No. 4, 2017, pp. 107 –117.

[129] S Sarukhanian, Armenia's Energy Security: Main Achievements and Challenges. *Central Asia and the Caucasus*, Vol. 12, No. 3, 2011, pp. 171 –179.

[130] S Stepanyan, *Investments in Water and Irrigation Sectors through International Financial Institutions: Impact on the Armenian Economy*. Master's Essay of American University of Armenia, 2010, pp. 1 –78.

[131] Safaryan, Shushanik, Trade Relations between Georgia and Armenia: Getting Close or Distant. *Policy and Management Consulting Group*, 2016, pp. 1 –23.

[132] SD Batiuk, The Fruits of Migration: Understanding the 'Longue Dureé' and the Socio – economic Relations of the Early Transcaucasian Culture. *Journal of Anthropological Archaeology*, Vol. 32, No. 4, 2013, pp. 449 –477.

[133] Shortcomings and Challenges. *Eurostudium*, 2016, pp. 161 –206.

[134] SK Hovhannisyan, Examination of Armenian Trade Capital (16th –18th Centuries) In Light of Fernand Braudel's Civilization Theory. *Armenian Re-*

view, Vol. 54, No. 3, 2014, P. 45.

[135] SL Norayrovna, Impact of Foreign Direct Investment on Export: Case of Armenia. International Scientific and Practical Conference, May 16, 2017.

[136] SN Romaniuk, Competing Hegemons: EU and Russian Power Projection in the South Caucasus. *Springer International Publishing*, 2015, pp. 113 – 138.

[137] TW Bank, Armenia – cheese Production and Export Supply Chain. DFA Working Paper, No. 115194, pp. 1 – 76.

[138] TW Bank, Fiscal Consolidation and Recovery in Armenia: Impact of the Global Crisis on a Small Open Economy. the World Bank Working Paper, No. 72880, 2012.

[139] V Socor, Armenia Selling More Infrastructure, Industry to Russia. *Eurasia Daily Monitor*, No. 11, 2006, pp. 1 – 2.

后　记

本书是在本人完成的2017～2018年度教育部国别和区域研究项目“中国—亚美尼亚产能合作规划研究”结项报告的基础上进一步修改、完善而成。本书最终出版得到中央财经大学财经研究院学科建设经费与北京财经研究基地建设经费的资助，作为“中央财经大学财经研究院/北京哲学社会科学北京财经研究基地”文库系列专著出版，在此表示最诚挚的感谢。

区域和国别研究是全球性大国地位和实力在知识领域的重要表现，一个国家区域和国别研究的兴起也通常是大国崛起的重要标志。当前，中国前所未有地靠近世界舞台中心，这对中国的区域与国别研究提出新的更高要求。中国开始建设性参与全球治理，以越来越积极的姿态参与、引领国际事务，这要求决策精细化、施策精准化，而国别和区域研究必须为此提供足够的知识储备与智力支持。

高等学校开展国别和区域研究工作，对于服务国家战略和外交大局，全面推进“一带一路”建设，具有十分重要的意义。中央领导高度重视此项工作，教育部亦将其列为工作重点，加强统筹，组织指导有条件的高等学校设立国别和区域研究中心，开展国别区域研究。

近年来，本人致力于中国开放经济、“一带一路”经贸合作、中国企业海外投资等问题研究，2017～2018年完成了《中国与“一带一路”沿线国家经贸合作国别报告》（丛书）的出版，获得社会的认可与好评，这为本人开展有关研究打下了坚实基础。2017年，根据教育部国别和区域研究项目指南，本人申请的“中国—亚美尼亚产能合作规划研究”课题最终获得批准。回顾研究历程，深深体会到国别和区域研究的不易，对于中国开展双边国际产能合作研究需要坚持历史脉络与现实路径结合、政治逻辑与经济分析结合、双边经贸与发展战略结合，其中涉及政治、经济、文化、宗教等诸多方面。本书的研究框架，最为重要的创新在于构建了中国与中小国家产能合作的分析框架，已有的研究更多关注与中国与经济影响力比较大的国家产能合作，对于与小国，尤其是与不发达的小国开展产能合作研究较少，本书建立的分析框架具有一定的普适性。本书的一些阶段性的研究成果获得了公开发表并于2018年获得第九届中国服务贸易年会“中国服务贸易研究奖”优秀成果奖。

书籍三校之时，盛夏已至，荷花盛开！20年前的这个季节，中国加入世界贸易组织谈判如火如荼，胜利在望，一个对外开放的新阶段就要拉开帷幕。20年过去了，世界在相当长的时期变得越来越平坦。然而，2008年金融危机猝不及防，不期而至，对全球经济影响时间之久、影响范围之大、影响程度之深，出乎许多人的意料。2018年以来，中美经贸摩擦叠加新冠肺炎疫情，对全球经贸格局及我国经济社会产生巨大影响。面向未来，我国发展环境面临深刻复杂变化，主要体现为：当今世界正经历百年未有之大变局，新一轮科技革命和产业变革深入发展，国际力量对比深刻调整，和平与发展仍然是时代主题，人类命运共同体理念深入人心。同时，国际环境日趋复杂，不稳定性、不确定性明显增加，新冠肺炎疫情影响广泛深远，世界经济陷入低迷期，经济全球化遭遇逆流，全球能源供需版图深刻变革，国际经济政治格局复杂多变，世界进入动荡变革期，单边主义、保护主义、霸权主义对世界和平与发展构成威胁。

书籍付梓之际，正值中国共产党百年华诞，百年恰是风华正茂。习近平主席在庆祝中国共产党成立100周年大会上的讲话指出：“新的征程上，我们必须高举和平、发展、合作、共赢旗帜，奉行独立自主的和平外交政策，坚持走和平发展道路，推动建设新型国际关系，推动构建人类命运共同体，推动共建“一带一路”高质量发展，以中国的新发展为世界提供新机遇。”本人所带领的团队长期扎根中国大地，坚持面向国家重大战略需要、面向国家和区域经济社会发展需求开展研究，团队成员大多是本人指导的硕士研究生或者博士研究生，在研究中他们投入到了极大的精力，时光荏苒，团队中的研究生来了一批走了一批，走了一批又来了一批，“人事有代谢，往来成古今”！我们团队能够做一些与国家发展、民族振兴相关的现实问题研究实属幸运，一起探索社会经济发展的热点问题、前沿领域令我们一起度过的时光弥足美好和弥足珍贵。大家通过参与这样的研究，“中财大国贸人”精神气质与家国情怀都镌刻在我们的内心中，融入血液里。

从书籍出版策划、审校和最终定稿，经济科学出版社的王娟编审付出了极大心血，几年来她一直支持并鼓励本人将有价值的成果整理出版，“感谢”二字不足以表达本人对她的谢意！当然，全书文责由作者自负，限于作者的水平，本书一定还有许多不足与瑕疵，衷心希望读者提出宝贵意见与建议。

“加快形成以国内大循环为主体、国内国际双循环相互促进的新发展格局”，这是以习近平同志为核心的党中央针对我国发展阶段、环境、条件变化提出来的战略思想，是事关中国经济中长期发展的重大战略部署。面对时代给出命题，我们的团队责无旁贷，继续“立足中国、借鉴国外、挖掘历史、把握当代”，开展对外开放新格局、全面开放新体制领域的有关问题研究。

张晓涛

2021 年 7 月 26 日于中央财经大学沙河校区 13 号学院楼 438 室